まま、何げなく言ったり、行動する。これがアンコンシャス・バイアスの特徴です。

あなたも、周囲のご友人、ご家族、恋人、上司、部下、同僚も、みんな何かしら無意識のうちに思い込みにとらわれながら生きています。そして、それに気付かないがゆえに、知らぬ間に誰かを傷つけていたり、自分が不愉快になったり、腹を立てたり、落ち込んだり……。

そこから解き放たれれば、自分にも他人にも優しく伸びやかな気持ちで接することができるのです。

では、なぜこうした思い込みが起こってしまうのでしょうか。

その要因の一つは、知識がないことに起因する「狭い経験による決めつけ」です。

私がアンコンシャス・バイアスに改めて気がついたのは、2021年2月の

「女性は話が長い」というニュアンスの某元総理の発言でした。日本だけでなく外国から大批判を浴びても、本人の感想は「本当の話をするので叱られる」といったものでした。女性に対する悪口を言ったわけでも、女性を差別しようと思ったわけでもなく、ただ「当たり前」の事実を言っただけだと思い込んでいるのです。

私も前からアンコンシャス・バイアスの概念は知っていましたが、これまでの人生や現在の自分を取り巻く状況を振り返った時、彼と同じような考え方をする人がそこら中にいることを改めて認識したのです。

そして一番私が残念に感じたのは、男性が女性に対して偏見を持つだけではなく、女性は「話が長い」「おしゃべり」「感情的で論理的ではない」「最後に泥をかぶらない」……、そうしたさまざまな世間の思い込みに、実は女性自身もとらわれているのではないかということです。

とはいえ、アンコンシャス・バイアスは、その言葉自体もまだまだ一般的には認知されていません。

先日ある新聞記者の方と話していたら、その人はアメリカで生活して初めて、自分が日本にいた時に、知らないうちに女性の生き方、働き方の思い込みにとらわれていたことに気がついたと言います。

社会や周囲の人の思い込みが自分に影響して、「自分は女だから」「自分はもう高齢だから」「自分は学歴が低いから」「能力が足りないから」と思い込んで、知らないうちに自分のやる気やエネルギーや可能性を抑えているのです。私たちは、まずそれに気がつかなければなりません。アンコンシャス・バイアスの一番怖いところが、知らないうちにその考え方を受け入れ、その基準に合わせて自分に対する評価を下げてしまうことです。

本書がアンコンシャス・バイアスに気付くきっかけとなり、理解を深める一歩となれば幸いです。

第1章

アンコンシャス・バイアス＝思い込み　とは？

第2章
日本特有のアンコンシャス・バイアスを考える

人種差別のきっかけも

第3章 人間関係の中にある「思い込み」

第4章 「思い込み」にとらわれない生き方とは

第1章

アンコンシャス・バイアス＝思い込み　とは？

アンコンシャス・バイアスとは、いったいどんなものなのでしょうか。本章ではその詳しい説明と共に、どんな人がアンコンシャス・バイアスに陥りやすいのか、さまざまな視点から考えていきたいと思います。

そもそもアンコンシャス・バイアスとはいったい何なのでしょうか？

「アンコンシャス・バイアス」とは、「無意識の思い込み」のことを指します。これは、人間誰もが持っているもので、良い・悪い以前の事実です。大切なのは、「私もアンコンシャス・バイアスを持っている」という認識をまず持つことです。精神分析で有名なジークムント・フロイトは、人間は、理性的な存在ではなく、自分で意識していない過去の経験によってつくられた潜在意識を持ち、無意識に動かされていると提示し、近代の人間観に大きな影響を与えました。

私たちがとらわれている思い込み、具体的にアンコンシャス・バイアスとはどんなことを指すのでしょうか？

例えば、

有名大学を出た人だから、優秀で頭がいい。

頼りなさそうな男性でもいざという時には頼りになる。

男の子はオクテだがあとでのびる、女の子はあとでのびない。

良い家柄の出身だから育ちが良いはず。

〇〇県人は、お酒が強い。

関西人は面白い人が多い。

女性なのにラグビーをやっているなんて、女らしくない。

家事や子育ては女性がやるもの。

女性は小さい事によく気が付いて、清潔でおしゃれで、細やか……。

もちろんこういった思い込みは、全員にあてはまる事実ではありません。平均をとれば、少しはその傾向があるのかもしれませんが、個人差の方が大きいのです。そういう人もいるけれど、そうでない場合もあるということです。個人の限られた経験による「思い込み」です。アンコンシャス・バイアスは、さまざまなところに潜んでいます。

いわゆる学歴が高かったとしても、優秀ではない人もいます。逆に大学卒でなくても、優秀な人もたくさんいます。人それぞれ異なる存在なのに、まとめてレッテルを貼って、「こういう人」と思い込んでしまうことこそ、アンコンシャス・バイアスなのです。

さらにその思い込みがエスカレートしてしまうと、偏見や差別にまで発展してしまいます。入社試験で女性の方がしっかりしていて優秀な成績でも「女の子は入社後のびないが、男の子は成長する」と思い込んで男性を採用するといったことが当然のように行われています。

しかも、アンコンシャス・バイアスは、自分自身にも跳ね返ってきます。例えば、女性が「女性の幸せは結婚して子どもを産むこと」と考えてしまう。あるいは男性が「男性はちゃんとした職に就き、妻子を養える収入が必要」と決めつけてしまう。

私はアンコンシャス・バイアスにおける最も大きな問題は、ここにあると考えています。すなわち、自分自身がアンコンシャス・バイアスにとらわれて自分の価値観が影響されてしまうことで、自分の視野を狭め、世界を小さくしてしまうということです。

今、社会は大きな変化を迎えています。ＩＣＴの普及によるリモートワークなどの生活の変化はもちろん、ＬＧＢＴＱや夫婦別姓の問題など、多様な価値観を認めることも求められています。そんな社会にいちいち腹を立てないで適応していくためにも、自身の中にアンコンシャス・バイアスがあることを認めていくことから始めていかねばならないと思います。

アンコンシャス・バイアスが起こってしまう原因は？

ではなぜ、アンコンシャス・バイアスが起こってしまうのでしょうか。それは、大きく分けて2つの理由があると私は考えています。

一つは、「自分のこれまでの経験からこうに違いない」と思い込んでしまうこと。つまり、今までの経験を一般的なことだと思ってしまうのです。

例えば、これまで100人以上の外国人の方と接する機会があったとしましょう。100人以上と接しているから自分は国際派だ、と考えて、その経験から、「外国人は日本人と違ってこういう性質を持っているんだ」と型にはめて考えてしまうのです。

しかし、外国人は世界に何十億人といます。自分の狭い経験から外国人を分類するのは無理です。とはいえ、数十億人の外国人と会うことはもちろん不可能です。そのため、自分の限られた経験から、「外国人はきっとこうだろう」と推測してしまうのです。

もう一つの理由は、「一昔前の過去の経験にとらわれてしまっている」ということです。

例えば今の年齢が70歳の女性が若い時は、女性は勉強がよくできても短大に進学し、数年働いたら、結婚して子育てにいそしむのが「当たり前」でした。子どもが生まれても働き続けるにはさまざまな困難があったという自分の経験から、娘にも「子どもが生まれたら、無理して働くことないわよ」と言ってしまう。

これは、過去の自分の経験に引っ張られてしまった結果、アンコンシャス・バイアスに陥っている、といえます。

ではなぜ、人は、一昔前の経験にとらわれてしまうのでしょうか。それは「環境の激変」を体験してこなかったり、あるいは意識的に新しい情報に触れていなかったりするためです。

例えば、海外生活や転勤といった環境の変化が人生の中でなかった人。転職等を経験せず、数十年同じ勤め先で同じ業務に就いていた人。離婚や挫折や失業などつらい体験をそれほどせずに、人生を順調に過ごしてきたような人……。

つまり人生経験の幅が狭かったり、限られた人間とだけ付き合ってきたりした、「行動範囲や生活パターンがある程度決まった中で生きてきた人」ということです。こういった方たちは、自分の当たり前を疑う機会がほとんどありません。自分の考え方が通用せずに驚いたり、それに反発したりする経験が乏しいため、知らないうちにアンコンシャス・バイアスにとらわれてしまいがちなのです。

確かに、人生では、楽な「安定」や「継続」を選びたくなります。多少の波はあったとしても、人は順風満帆の人生を送っていれば、変化を好みませんし、無理に新しい価値観を取り入れようとはしません。しかし、実はそのことがアンコンシャス・バイアスを生み出す原因になってしまうのです。

たまたまそういった環境で生きていくことになった人も、その人自身が悪いわけではありません。とはいえ、アンコンシャス・バイアスに陥らないために、新しい価値観に触れよう、と自ら意識する必要があります。

もちろん、今までの経験がすべて間違っているというわけではありません。「新しいからよい」「古いからダメ」と決めつけるのも、アンコンシャス・バイアスです。さまざまな経験、体験から積み上げられた知恵は尊重するべきですし、良いこともたくさんあると私も思っています。ただやはり、その知恵の中には、時代や環境の変化に伴って、現代では通用しなくなっているものも少なくないのです。

「先輩が良しとしてきたことだから大丈夫」「昔から常識だったことはそう変わらない」といった、「昔からの知恵＝100％良い」というのは思い込みです。逆に古いものはもう通用しない、過去は間違っていると決めつけるのも思い込みです。良いものもあるけれど、通用しないものもある。また基本は変わらなくても表現は時代にそぐわないというものもある。そのことを意識し、理解しようとする必要があります。

では、その見極めをどうすれば良いのでしょうか。正直なところ「この常識は、今の時代に通用しないのではないか？」と自分自身で一つひとつ確認していくのは不可能です。もともと自分自身の中ではそれが正しい常識であり、当たり前のことだと思い込んでいるのですから。

そこで大事になってくるのが、「他人の言動や世の中の変化に触れること」です。まずは新聞や本、雑誌などを読んだり、テレビのニュースを見て世の中で起きていることを知ることです。次はそれに加えて、自分と違った環境に置かれている人の話をリアルに聞いてみることです。そうすると、普段とは違った刺激を受けます。

もしあなたが専業主婦だったら、キャリアウーマンの話を、逆にキャリアウーマンだったら専業主婦の話を聞いてみると、自分とは異なる考え方、生き方がたくさんあることに驚くはずです。反発したり、反対したくなる話もあるかもしれませんが、「どうしてこの人はこんな考え方をしているのだろう」と自分で考えてみるのです。

自分より若い人や、年輩の人の意見も聞いてみましょう。

例えば、昔の常識と現実で起こっていることが違っていて腹が立つ時はありませんか？　若い人と話をしていて「年長者への言葉遣いが失礼じゃないの？」と思ったり、お祝いを送ってお返しがなかったら「もらったら何かお返しするのが当然のマナーでしょう？」と思ったり。そういう自分の当たり前が通用しなくて「馬鹿にされている」と怒りの気持ちが湧いてきた時は、「昔からこうあるべきだと思っていたけれど、この人にそれが通用しないのはなぜだろう？」と疑問を持てばいいのです。自分の常識が通用しない時は、自分の中の昔の常識を問いただす絶好のタイミングです。

ぜひ自分から一歩踏み込んで、自分と異なる行動の基にある考え方に触れるようにしましょう。

一方で「昔は昔、今は今。昔の常識は、今の若い人にはもうまったく通用しない」と決めつけてしまうのもまた、一つの思い込みであることを忘れてはいけません。人間はどうしても白か黒か、オール・オア・ナッシングで物事を考えがちです。「昔からの常識だから今もそのまま通用する」「昔の常識だから今はまったく通用しない」、そのどちらも決めつけてしまっては、これも思い込みにとらわれていることになります。

例えば、先にも触れましたが、日本には「お祝いをいただいたらお返しをする」という内祝いの常識がありましたが、最近では、SNSを中心に出産の内祝いは不要なのではないかという議論が起こっています。おそらく、出産祝いを送る側も、実際にお返しをもらうつもりで送っている人は少ないでしょう。「出産おめでとう。幸せになってね」という思いを形にしただけであって、産後の身体でお返しの品を探しに行ったり、各所へ送ったりと、出産したばかりの人にそんなことをしてほしいとは考えてもいない人が大半のはずです。

ですが一方で、「お祝いを渡したのに、お礼状も内祝いも返してこないなんて失礼で、感謝していないのね」なんて考える人もまだまだいるのです。だからこそ、このような議論が起こるのでしょう。

さて、このような議論に対してみなさんはどう思いますか？

私は出産祝いのお返し議論にあるような「恩を受けたらその人に恩返しする」という昔の常識に対して、「恩送り」という新しいルールを提案したいと思います。

つまり、いただいた相手にはお礼状だけで内祝いは贈らないけれども、別な形で恩を返していこう、という考え方です。昔のように「恩を受けた相手には、恩をもってお返ししなければならない」という考え方は、受け取る側には、お返しを贈ることが強制されてしまい、「それは負担なので、だったらいっそ気にかけていただかなくて結構です」なんていう気持ちになってしまいます。

これではせっかくの人間関係が負担になってしまうのではないでしょうか。

その点、私の提案する「恩送り」では、してもらったことをその人に返すのではなく、いつかできる時に別の人に返していけば良いと考えます。つまり、誰かに親切にしてもらったら、他の誰かに親切を返していく。相手と自分の1対1の関係ではなく、親切がもっと外へ広がっていく。周りの人たちに「送る」という考え方です。自分に親切にしてくれた人にだけ親切にするのではなく、他の人にもどんどん親切にしていくということです。

私が留学した時に親切にしてくれたメアリーさんも、「自分が生活できるのは、今までいろんな人に親切にしてもらったから」と言っていました。

このように自分が当たり前だと思っていることにも疑問を持つ。そして、誰しもが無意識の思い込みを持っていることを理解し、その時代に合わせた常識を取り入れていく。それこそが「これからの知恵」であり、私たちがこの先、持ち合わせなければならない意識なのではないかと思っています。

思い込みにとらわれることで起こる弊害

アンコンシャス・バイアスが起こる背景には、ご自身の経験の蓄積があり、この意識は誰しもが持っているもの、ということをご理解していただけたでしょうか。

では、この思い込みがどんな弊害をもたらすのでしょう。

思い込みの弊害で最も大きなものは、「どんどん自分の受け入れる世界が狭くなってしまい、そこから外れた人が気に入らなくなってしまう」ということです。

普段はあまり気にしていませんが、私たちの周りには、自分の思い込んでいる基準から外れている人が、圧倒的に多くいます。それなのに、違う価値観の人に出会わない、あるいは反対意見が聞こえてこないのは、自分の思い込みと同じような思い込みを持っている人とだけ、付き合っているからかもしれません。すでに自分の世界がそれだけ狭まっている、ということになります。

ではもっと具体的に考えてみましょう。

例えばご自身の経験から、「家事は男性も女性も分担して行うもの」という考えを持つようになったとします。この考え方に合う人と結婚した場合は、トラブルにはならないでしょう。しかし、そう考えない人と結婚した場合、人は次の3つのうちいずれかの行動を取ります。

1つ目は、反発したり、嫌だなと拒否をして自分の殻に閉じこもり、相手の意見を聞かなくなってしまう。

2つ目は、衝突する。考え方が合わない相手に「それは間違っている」と自分の意見を押し付けたり、違う意見に反発したりと、相手とトラブルを起こしてしまう。

3つ目は、そんな考え方もあるんだな、と相手の価値観を受け入れて認め、自分の考えを改める。

この中で最も多いのが2つ目だと私は考えています。正確に言うと、2つ目で腹を立てて1つ目に戻ってしまうパターンでしょう。しかし、こういった考えでは、狭い世界に閉じこもってしまい、違う考えの相手に反発し、夫婦関係を良好に築くことも難しいといえます。

例えば、自分の友人や部下の考え方が理解できなければ、友人や部下の心は離れていってしまうでしょう。あるいは、妻の考え方を認めることができなければ、夫婦関係は破綻に向かってしまいます。

自分と違った意見を受け入れることができなければ、やがて「相手がわがままだ」「周りがわからずやだ」「自分を受け入れてくれない会社が悪い」といった結論に至ってしまうこともあるかもしれません。

「自分の考え方だけが正しいわけではない」「自分にも思い込みがあったんだな」「別の考え方もあるんだ」と気付き、自分で自己の価値観を広げられるように、日々さまざまな人に触れ、経験をアップデートしていくのが理想ですが、それは簡単なことではありません。

アンコンシャス・バイアスに陥りやすい人、そうでない人

アンコンシャス・バイアスはその人自身の経験値や環境の影響を受けて形作られます。それでは具体的にどういった場合に、どんな思い込みに陥りやすいのか、それぞれの場合で考えてみたいと思います。

●育った環境　～会社員家庭と自営業の家庭～

私は、会社員家庭、かつ核家族の中で育った子どもは、人間関係が狭くなる傾向にあると考えています。

会社員は、勤務時間という与えられた時間に働き、お給料をいただくという働き方です。勤務を通じて社会とつながるため、帰宅すれば仕事や社会とは切り離

されます。
「子どもは親の姿を見て育つ」と言いますが、親が会社員でオフィス勤務だったりすると、両親が働いている現場や、また本当に苦労している姿を見る機会がほとんどありません。見かけるのは、家に帰ってきて疲れているところや、休日のくつろいでいる姿です。これでは両親がどんな仕事をしているか、どんな気持ちでその仕事に取り組んでいるか、どれだけ努力しているか、どんな人間関係の中で働いているのか、推し量るのはそもそも難しくなってしまいます。

それに対し、何かお店を経営していたり、家族で町工場を営んでいたりする場合は違います。自営や経営者の家庭で育つ子どもは、いやでも親の働いている姿、商売を切り盛りする大変さを目の当たりにします。

さらにそれだけではありません。商売を続けていくにはお客に来てもらわねばならない、お客に来てもらうには日頃の付き合いが大事とわかります。自分の家の商売が、どれだけ地域に密着しているか、などを肌で感じて否が応でも知ることになります。

私は、商売を営む環境で育った友人のお母さんのこんな言葉を思い出します。そのお母さんは友人に「少し安いからといって、大きなスーパーで買い物をしてはいけないよ」と常々言っていたそうです。友人のお母さんも、商店を経営していました。そのため、近所の商店で物を買わないと、自分たちのお店で買い物をしてもらえないよ、商売は持ちつ持たれつなんだよ、ということを行動を通して友人に教えていたのです。

また、経営者は働いていない時間の行動もビジネスに影響します。近所を散歩する時でも、お客さんに会えば、愛想よく挨拶をしますし、地域と共存していくために、子どものＰＴＡ活動や、地元のお祭りなどの行事にも積極的に参加していかねばなりません。「私が記憶しているお母さんは、いつも笑顔で愛想よくしていたわ」とその友人は話していました。そうした親の姿は子どももちゃんと見ているのです。

商売を営んでいる家庭と、会社員家庭では、生活態度が違います。会社員の家庭では、より意識して子どもの時からさまざまな経験をさせ、話して聞かせることが必要です。

たとえ会社員であっても、親自身も自分の責任でリスクにもポジティブに立ち向かっていく精神や、新しい事業を創造するといった「アントレプレナーシップ(entrepreneurship)」という考え方、自分が自分の仕事と人生の「主人」(オーナーシップ)だという考え方を持つことが必要です。会社員家庭と、商売を営む家庭の大きな違いは、このアントレプレナーシップやオーナーシップが備わっているか否かでしょう。どんなに小さくても自身でビジネスをしている人は、自分の判断と責任で仕入れやサービスを行い、それがビジネスに跳ね返ってくるため、オーナーシップの精神が養われます。

親がビジネスやリスクに果敢に挑む姿、お客様とやりとりする姿、仕事仲間と協力している姿、さらには近所や地域とのつながりを維持している姿を通して、子どもたちは親の全体像を見るようになるでしょう。

幼い時から、親も含めて社会のさまざまな人や出来事と触れ合うことは、多様な価値観に触れることでもあります。他者と自分とを比較して自分の思い込みに気付いたり、世の中には自分とは異なる考えの人がいることを知ったりすることで、結果的に、アンコンシャス・バイアスが起こりにくくなるのです。

また、会社員家庭ではお金の使い方についても、「節約と貯蓄が美徳」になりがちです。会社員は、毎月収入が一定なので、日常生活では無駄使いしないことで少しでも支出を削り、家計を黒字にして余った分を貯蓄するという考え方になりがちです。

しかし、自営業の家庭はそうは考えません。将来のための投資として高価な設備を整えるとか、地域のイベントに協力する、よい付き合いのためにはお金をかける、そしてそれが必要経費だという考え方が身についていいます。

会社員家庭の場合、「お金を稼ぐにはどうしたらよいのか」「自分の仕事は社会からの影響を受けて成長したり、衰退したりする」「人脈の重要性」などをリアルに学び取る機会がなかなかありません。

こういった会社員家庭で起こる「経験の乏しさ」は、もともと誰もが持ち合わせているアンコンシャス・バイアスをさらに助長してしまいます。現代の日本では勤労世帯のおよそ8割は会社員です。すなわちこれは、別の価値観に出会う機会が少なく、「自分とは違う考え方があるのだ」「ずっと当たり前だと思っていたことだけれど、社会的な流れとは、ずれているかもしれない」と自分の常識を疑う機会がない、ということになります。核家族であればなおさらそうでしょう。

●育った環境　～幼い頃から甘やかされた人の場合～

幼い頃から甘やかされて育った人もアンコンシャス・バイアスに陥りやすいと考えられます。

甘やかされるとは、単に家庭が裕福で経済的に恵まれていた、ということではありません。「お手伝いや勉強などしなくても怒られなかった人」「ゲームや漫画など好きなことをしていても注意されなかった人」「自分の意見に対して反論されてこなかった人」、つまり周囲の人間から鍛えられなかった場合を指します。

ゆとりある家庭や一人息子、一人娘がすべてそれに該当する、ということではありません。同じ恵まれた環境でも、厳しく育てられている人もいます。「厳しく育てられる」というのは、自分のわがままや思い込みが通用しない、自分の意見が通らないということを家庭の中でも経験している、ということです。

「かわいいわが子に失敗させては心が傷つくから」と言って、チャレンジしようとする経験を奪ったり、社会人になっても「この人に注意したり、反対すると悩んでしまうからそっとしておこう」といった手心を加えられて暮らしてきた人は、経験の幅がどんどん狭くなっていきます。

●家族構成　～教育ママ・パパの場合～

私の母校でもある東京大学や、卒業後、国家公務員として勤めていた省庁には、いわゆる「学校秀才」が多くいました。学校秀才とは、学校の勉強や試験に合格するための高い点数が取れる人です。人間関係を上手につくったり新しいことに挑戦したり、課題を発見してイノベーションを起こせる能力とは別の基準です。

ではなぜそういった人が生まれたか。中国の科挙の影響とか、偏差値重視の入学試験だとか、さまざまな理由があります。いわゆる偏差値の高い「いい」学校を出て、有名企業や官庁などに入ったら、一生安泰。これぞ「人生のゴールデンパスポート」と、受験に成功する学力をつけさせるのが親の愛情だと思い込んでいるのです。

こういった親からの影響で、子どもの方も「いい学校を出ていれば、みんなから尊敬されて、障害の少ない、苦労の少ない人生を送れるだろう」と思い込んでしまうのです。

今の日本は、終身雇用制度や年功序列はなくなりつつあり、学歴より実力が必要とされる世の中になりました。こうした社会の変化から、多くの人が「いい学校を出ていても、それだけで社会で成功するわけではない」ということを体感しているはずです。その社会の変化を経験していない親たちが一昔前の常識から、アンコンシャス・バイアスに陥っているのです。そういう意味では、親世代が「時代は変わったのだから、私たちの常識は現状には当てはまらないかもしれない」と自覚し「子ども世代が生きる就労環境を予測すること」が大事なのではないかと思います。後述するように、学歴への考え方も大きく変わり始めています。

社会によって形成される無意識の思い込み

アンコンシャス・バイアスには、社会によってつくられた思い込みもあります。例えば、私がまだ公務員だった若い頃は、休まず職場に出勤して仕事をすることが「当たり前」でした。

前日に飲み過ぎて二日酔いでも、風邪をひいても熱があっても、休まない、這ってでも出勤するのが勤勉だと評価される時代だったのです。コロナ禍の時代では、そんな迷惑なことをしたら非難されてしまいます。上司が残っていたら部下も付き合うべきだ、有給休暇を取ると周囲に迷惑をかける、子どもが風邪をひいたという理由で休むのは肩身がせまい、と思われていました。いずれにしても、そういった時代を生き抜いた会社員は、みんなそれに適応して仕事をしてきたのです。そのため、そういった組織で働いていないデザイナーやカメラマンといったフリーランスの人たちは当時「勤労倫理が乏しい」と言われていました。「好きな時に、好きな仕事だけするなんてわがままだ」という考え方が世間的にはあったのです。

また、「一度企業に勤めたら、どんなに嫌な仕事でも、つらくても我慢して定年まで勤め上げるのが安定した人生を送る秘訣」だとされ、何らかの事情でそのレールからはみ出すのは、「わがままで忍耐力のない人」とも言われていました。

もちろん、若い20代、30代の人が起業するなんて昔の感覚では考えられませんでした。「失敗したらどうするんだ」と失敗を恐れ、失敗した人に対して一生「あいつは失敗して人に迷惑をかけた」と烙印をおすような、非常に厳しい評価をする国だったためです。

また、もう少し身近な例でいうと「仕事は会社に出社して行うもの」であり、家庭では仕事を忘れて過ごす時代もあったと思います。むろん、今は場所にこだわらない多種多様な働き方が生まれています。

家族に対しても、昔の大家族の時代には「舅姑《きゅうこ》の面倒や介護をするのは、長男の嫁のつとめ」という思い込みもありました。長男が親の全財産を相続するかわりに親の面倒を見るべきだとされていたのです。

今の感覚で生きる若い世代からするとびっくりしてしまうような社会構造による思い込みは、時代が変わっても急にはなくなりません。昭和〜平成の時代を生き抜いてきた人たちの中には、昔の価値観が抜けきれないままの方もいるでしょう。

強い同調圧力の中の日本人とアンコンシャス・バイアス

アンコンシャス・バイアスを語るうえで、大きな影響力を持つのが、同調圧力です。同調圧力とは、少数意見を持つ人に対して多数意見に合わせさせるような空気がある、あるいは直接圧力をかけることを言います。

世界中どこの国でも多かれ少なかれ同調圧力はあると思いますが、特に日本は多数派に従った方が楽だという志向が強く、「長いものには巻かれろ」という諺もあるほどです。そしてこの同調圧力が、より強いアンコンシャス・バイアスを生んでいるといってもいいのではないでしょうか。

例えば、子どもの卒業式に参加するお母さんたちの服装を考えてみましょう。

多くのお母さんが、紺や黒のスーツを着てきます。規則で強制されているわけではありませんが、「周囲から浮かないように、目立たないようにしよう。見苦しくないようにしよう」と考えた結果、個性を出さずに無難な服装を選んでしまいます。すると、「卒業式のような行事の時は、紺や黒のスーツで来なければならない」という暗黙の了解が自然と醸成され、それが人の行動を束縛することになってしまうのです。

たとえ本人がそれは嫌だな、と思ったとしても、周囲の中で同調している方が目立たず、批判されることもないので、つい同調してしまうのでしょう。

同調圧力は、このように卒業式の時の服装に限らず、世間のさまざまな常識を形作っています。この同調圧力は、「ピア（仲間からの）プレッシャー」と表現されます。仲間内だけで通じる価値観、思い込みという意味です。

特に若い頃は、家族よりも友人の意見を大事にする時期でもあります。そのため、自分の仲間が受け入れてくれるような服装、ものの言い方、行動をしなければいけない、という思いにとらわれることが多いのです。

日本には「和をもって貴《とうと》しとなす」「喧嘩両成敗」「出る杭は打たれる」といった諺があるように、昔から争いごとはしない、異論を良しとしない文化がありま す。そのため、ユニークさや個人のオリジナリティーをあまり尊重しません。日本の小、中、高校教育は、みんなで一緒に学び、一緒に遊ぶスタイルです。そして子どもの頃から周囲と異なる行動は注意されることが多く、褒められた経験を持っていません。

海外と日本の高校生の自己評価の比較調査では、日本の高校生はアメリカや中国に比べて自己評価や自己肯定感が特別に低いことがわかっています。しかし、その一方で日本を離れて海外で、さまざまな分野で成功をおさめている日本人も大勢います。国内では能力が抑えられていても、思い込みやしがらみのない、国外の自由な環境では自分自身の本当の能力が発揮できるのでしょう。

今、この時代において、人それぞれに思い込みがある、と認めて他者を認め合わなければ、日本全体がアンコンシャス・バイアスにとらわれたままで、自分の意見を言ったり、提案したりすることができなくなり、新しいことが生み出せないのではないか、私はそう危惧しています。もっと日本全体に活気を取り戻し、生きやすくしていくためには、まず私たち自身が、アンコンシャス・バイアスから解放されることが大切なのです。

変わりゆく時代の中で常識は変わる

私が公務員として働いた昭和～平成時代。特に昭和の後期の高度経済成長時代は、専業主婦が急増した時代でもありました。

実は長期的に歴史をみると、産業化以前の時代は農業や商工業の家業に従事し、女性も働くのが当たり前でした。また、江戸時代までは、夫婦別姓が当たり前でした。「鎌倉殿」源頼朝の妻、「北条政子」は源政子とは言いませんし、足利義政の正室「日野富子」も旧姓で呼ばれています。しかし、現代は結婚して夫の姓を名乗ることが当たり前とされています。

ここからわかることは、時代によって常識は変わる、ということです。たかだか50年や100年前後の時代感覚が、伝統だと思い込んでしまう。そういう時代に形成されたアンコンシャス・バイアスが残存していることを知っておいてほしいと思います。

前述した昭和の高度経済成長期は、国民の働く場や職業も大変化した時代でした。それまで、家で農業や商工業を営んでいた人たちの多くが会社員になり、企業は年功序列と終身雇用で、社員が定年まで働くことを保証してくれた時代でした。

このような制度も実は、この期間だけのことです。戦前は終身雇用も年功序列も一部の職員に限定されていました。職人たちは、さらに収入のよい職場を求めて転職をするのが当たり前の時代でした。

では女性たちは、というと戦前は農業や家の商売を担っていて、専業主婦という感覚はありませんでした。健康で働き者のお嫁さんが歓迎されました。お座敷でお茶を点てたりお花を生けたりする女性は、限られた豊かな階級の人たちだけだったのです。戦前は女性が高い所得を得る仕事に就く、という選択肢はなく、専業主婦として家業に従事せず、家事や子育てだけをするのは恵まれた境遇で、それが女性の幸せだという風潮もありました。

ところが、戦後になると「花嫁修業」と言って、庶民の娘たちまでが、お茶やお花を習い、専業主婦になりました。歴史的に見ても、男女共にとって、20世紀後半は日本の伝統から外れた特異な時代だった、と言っても過言ではありません。これは日本だけではなく、海外諸国でも同様で、この1～2世紀は世界中で産業構造や就業構造が変化した時期でもあるようです。

余談ですが、1970年代くらいまでは、女性の定年は25歳とか結婚退職制度のある企業もあったのです。今ではとても考えられない話ですが、本当のお話です。「女性は結婚して家庭に入るまで、少し職場で社会見学をする」という考え方が、社会の通念だったのです。

現在50歳以上の人たちの中には、この昭和の価値観が、日本の伝統だと思い込んでしまっている人もいます。

しかし、それはアンコンシャス・バイアスです。「昭和は、歴史上特異な時代だったんだ」と、考えを改めなければなりません。

令和の時代になった今、その特異だった時代から、次第に男性も女性もそれ以前の状態に戻ってきているのではないでしょうか。そしてそれは当然の社会の変化だと受け入れましょう。

今は共働きで、家事も家族が分担して行うのが当たり前になりつつあります。今の若い男性にはそういう考え方の人が多いように思います。その原因の一つは、「失われた30年」で、給与が昭和に比べ、上がらなくなったからでしょう。昭和の右肩上がりの時代であれば「男性正社員はどんどん昇給して、いくらでも女房や子どもを養っていける」と考えることができました。

しかし、間違いなく時代は変わりました。男女共働きで生活をしていく、子育てをしていくにはどうすればいいいか。新しい働き方と共に、時代に合わせた暮らし方をしていくことが、今の時代には求められているのです。

私自身の中の思い込み

振り返ってみると、私自身も、これまでの人生において、さまざまなアンコンシャス・バイアスを持ち、影響されてきたと感じています。

私が公務員として働いていた頃は、男性と女性の役割がはっきりと線引きされていた時代でした。「優しくて気が利いて、お茶くみや雑用をしてくれる」「きちんと掃除をしてくれて、書類整理もしてくれる」という女性が求められていました。

私が新入職員の頃、男性上司から「別にお茶くみをする必要はないけれど、君だけそれをやらないと、他の女性からきっと反感を持たれると思う。少しだけやった方がいいんじゃない？」と言われて一年間お茶くみをしました。

その後、私は公務員でありながら本を執筆するなど本業以外の活動も始め、周りから見たら変わった存在でもありました。「本なんかを書いていたら、出世の妨げになってしまうよ」なんて言われたことも一度や二度ではありません。

しかし、女性公務員が少なかった時代、私は初めから外れ者だった、という自覚がありましたし、周囲からもそう思われていたため、アンコンシャス・バイアスの犠牲にはなりにくかったともいえます。

その一方で若くて未熟だった頃の私は、こんなアンコンシャス・バイアスを持っていたことを反省しています。あまり学力の高くない大学に進んだ人や、あるいは大学そのものに進まなかった人たちの抱える事情を本当の意味で理解することができず、そういった人たちは「努力が足りなかった人たちだ」と自分の中で勝手に思い込んでいたのです。

しかし、さまざまな経験を経て視野が広がってくると、それは間違っていたことがわかってきました。育った環境、中学や高校時代に勉強の意義を理解していたか、サポートをする人がいたかどうか、といった外的要因も教育には大きく作用する。つまり、努力の有無や本人の能力だけで学力をはかることはできないのだ、と少しだけ理解できるようになりました。

特に「私自身も思い込みに縛られているんだ」ということを知った大きなきっかけが、30歳を過ぎてからのアメリカへの留学経験でした。女性の社会進出が始まっていた頃で、それにも大きな影響を受けました。それまでの日本での約10年間の公務員生活の中で、私はいつの間にか、自分自身がアンコンシャス・バイアスにとらわれていたことを知りました。

例えばアメリカでは、私の意見は、「あなたの意見は他の人と違ってユニークでいいわね」と受け入れられ、「ユニーク」という言葉は、ほめ言葉として表現されていました。

このことに私は嬉しいと同時に、日本で働いている時は、いつの間にか「職場で有能と思われるためには、あまり周囲と変わったことは言わないようにしよう」「みんなが受け入れてくれるような言い方をしなければいけない」と自分で自分を縛っていたことに気付かされたのです。

それだけではありません。

アメリカでは食事をする際の選択肢の多さにも驚かされました。高級なレストランに行けば行くほど、サラダはどのドレッシングにしますか、お肉の焼き方はどうしますか、といった選択をお客の側が求められます。つまり、お客にとって「多くの選択肢から自分の好みを選べるのが良いサービス」という価値観があるのです。

しかし、日本はそうではありません。高級店では、メニューはお店任せです。さらに私たちも料理を選ぶ時、店側がおすすめする料理を喜んでいただくことが多いのです。

日本人は特に「自分が選ぶ」ということを遠慮する傾向があるのではないでしょうか。多人数だとそれは顕著に現れます。例えば職場のグループで食事に行く場合、みんながAランチと言えば自分はBランチがいいと思っていても、Aランチと言ってしまう。ここでも「和を乱さない」姿勢が徹底しているのです。

アメリカに行ったことで私は、知らず知らずのうちに周囲に同調する職場の働き方に自分を合わせていたことに気付きました。日本では、その常識を誰も疑おうとしないのです。

結果として和が保たれることはいいことだと思いますが、その「和」を日本人はどのプロセスでも使います。決定の前に異なる意見をたたかわせるのも好まず、違う意見を言い出しにくくしてしまうのです。

穏やかに済ませてしまうことが必ずしも正しいことではない。そのことがさらにアンコンシャス・バイアスを育ててしまう土壌になると、私はこのアメリカでの経験から強く学びました。

その後も私は仕事と家事とを両立する生活を続けていましたが、1998〜2000年には、オーストラリアで総領事をする機会に恵まれました。総領事ですので、公邸には掃除や料理については担当者が専属でいたのです。もちろん、家事の一切をしてもらうのも初めての体験。こちらとしては自分ですべきことを押し付けているようで、なんだかちょっと申し訳ないような気がしていました。

しかし、オーストラリア人の働く女性たちから返ってきたのは異なる考え方でした。

「別にそこに後ろめたさを感じる必要はないのよ。あなたが、その人たちに雇用の機会を与えているんだから。あなたは掃除をするより、もっとあなたでなければできないことをした方が社会にとってもいいのよ」と。この経験もまた、女性の家事負担について改めて考える大きなきっかけとなりました。

ここまで、アンコンシャス・バイアスに陥るのは「狭い知識や経験によるもの」とお話ししてきました。それと同時に私は、個人の違いを認めない組織にいることもその原因の一つだと考えています。就職した時は、それなりに理想やしたいことがあって、その仕事に就きます。

はじめは、「もっと自由裁量が利く立場になったらやりたいことをやるが、それまでは与えられた仕事をこなす」と思っていても、長く働いて与えられた仕事をしているうちに、自分で考えることがなくなり、周りの評価を気にして、周りに従う習慣が身についてしまう。そのまま20年も30年も経ってしまうと、自分が本当にやりたいことが何なのかわからなくなってしまうというケースは多いように思います。

みんなと同調して過ごすことで、安定した生活と居心地のよさは手に入るかもしれません。

しかし、その中では発展性がなく、緩やかに、気持ちもその人自身の人生も衰えていくだけになってしまいます。これからの社会では、そのような圧力に臆することなく、リスクをとって新しい世界へとチャレンジしていく人こそが、ワクワクする人生を送ることができるのではないでしょうか。

「人生100年時代」と言われていますが、これだけ多くの人が長生きする時代は歴史的に見ても、初めてと言っても過言ではありません。そうなれば当然、これまで理想とされていた生き方を見直し、改めて働き方、老後のあり方、学び直しなどさまざまなことを、「思い込み」にとらわれることなく考えてもいいはずです。

過去にとらわれない生き方をするためにも、まずは自分の中にあるアンコンシャス・バイアスを見つめることから始めてほしいと思います。

第2章

日本特有のアンコンシャス・バイアスを考える

第1章で、アンコンシャス・バイアスがどういうものか、大体おわかりいただけたと思います。

では、具体的にどのような背景で、どのようなアンコンシャス・バイアスが存在しているのでしょうか。

本章と第3章では、歴史、人間関係、仕事、家庭、恋愛、そしてコロナ禍という生活のシーン別にアンコンシャス・バイアスに陥る例をご紹介し、よりアンコンシャス・バイアスについて考えていきたいと思います。

女性の社会進出を阻むアンコンシャス・バイアス

会社という組織の中では、アンコンシャス・バイアスがたくさん存在します。一番よくあるのが、「肩書きのあるポスト、いわゆる管理職に女性が昇進すること」に対する偏見です。日本では管理職に占める女性の割合が約9％と先進国やアジアの国々と比べて低くなっています。その背景には「女性が責任あるポスト に就くと家庭と両立できない」「ワーク・ライフ・バランスが取りづらく、私生活が犠牲になる」「上司と部下に挟まれてつらい」というようなマイナスのアンコンシャス・バイアスが、世間で浸透しているということがあります。

しかし実際は、上のポストに就くことで、時間や予算について自分の裁量が利くようになりますし、さまざまな有益な情報も入ってきやすくなります。

例えば、会議を短く切り上げて残業を減らす、自分の不得意なことは部下にしてもらう、というように、自分が働きやすいようなマネジメントも可能です。

私は責任のあるポストに就くことには、デメリットよりもメリットの方が多いと実感しています。それがわかっているので、男性たちはそうしたポストに就きたがるのです。

ところが、多くの女性たちは「上のポストになると責任も重いし風当たりが強い」「私は人の上に立つ力はない」と思い込んでいます。「私はそんなに偉くなりたくない」「出世よりもコツコツ自分の好きな仕事をやっていく方が、私はハッピー」……。実際に、私の周りでも、そんな声をよく耳にします。これは女性自身がアンコンシャス・バイアス、言ってしまえば昭和の時代の思い込みにとらわれているからです。もちろん、ここには、女性の管理職が少ないので実態がみえない、ということもあります。

そうやって責任あるポストに上がることを女性たち自身が避けてきたために、「現実が変わらない」というのも、アンコンシャス・バイアスが起こる理由としてあるでしょう。一時代前の常識を「今もそうだ」と思い込んでしまっているのです。女性の中には、個人差はあるにせよ、責任あるポストに向いているという人もたくさんいます。勝手な思い込みをせず、責任あるポストへ、ぜひチャレンジしてほしいと思っています。

女性の昇進に関しては、女性側だけの問題とも言い切れません。企業の評価基準や教育訓練体制にも問題があります。女性には管理職向けの経験を積ませない、研修などの教育を受けさせない、といったことも以前は当たり前でした。しかし、現在では政府が女性の役員や管理職を増やすよう企業に働きかけており、盛んに女性役員の登用を推進しています。「女性取締役の比率は何％をめざす」といった数値もよく目にするようになりました。

確かにそういった取り組みが進んではいますが、しっかりとした経験や教育を受けさせないまま、比率を上げるために女性を登用して、仕事がうまくできないと「やはり女性にこういったポストは難しい」という判断をされてしまうケースもあります。

「責任のある仕事を女性に担当させるのはかわいそう」「女性には、難しいクライアントを担当させられない」といった、企業が持つアンコンシャス・バイアスのもと、知識や経験、力を付ける機会が与えられてこなかった女性を、いきなり管理職や役員に登用するからこうした悲劇が起こるのです。

いわば女性のアンコンシャス・バイアスと、企業のアンコンシャス・バイアスの2つが重なった状態です。

結果、日本では、就業者は多くても、管理職に就いている女性は少ないのです。

私はいつも、女性人材を育てるには「期待する」「機会を与える」「鍛える」の3つの「き」が必要だと言っています。

若いうちから「あなたはしっかりやれる人だよね、期待しているよ、大変でも頑張って」という期待の「き」をかけて、経験や知識を積む機会の「き」を与えます。力が付いていないのに機会だけ与えてもうまくいきません。3つの「き」の最後には「鍛える」の「き」がきます。

男性でも、本当に難しい仕事などを経験して一皮も二皮もむけた人と、そうでない人では大きな差が出ます。期待されて、力を付ける機会があって、鍛えられて、失敗をしてまた鍛えられる。そうしたプロセスを経験することが大事なのです。

多くの男性であれば当たり前に経験することも、男性上司のアンコンシャス・バイアスが女性に手加減を加えるため、女性は困難だけれど成長につながる仕事をなかなか経験させてもらえません。

それなのに女性だからといっていきなり「女性ならではのアイデア」を求められても、素晴らしい発想が出てくるはずがないのです。企業には、女性の役員登用率を考える前に、採用の段階から女性に3つの「き」を与えてほしいと思います。


仕事の機会を与える際にしばしばいわれるのが、男女の体力差に関する問題です。すなわち「体力的な面からすれば女性は、男性と同じように徹夜や力仕事などができるわけではない、だから差がつくのは仕方ない」といった考え方です。

しかし、男性も長時間労働で健康を損ないます。今は科学技術の発展で、あらゆる分野で機械化が進み、男性でもほとんど力仕事を求められる場はなくなってきており、そういう意味での性差は小さくなってきています。持続的に注意深く仕事をする持久力は女性の方が高いくらいです。営業という仕事でいえば、むしろ女性の方がコミュニケーションに優れていて成績がよいという例も多数あります。この現実を企業はしっかり認識するべきだと思います。

女性管理職や女性役員でもう一つ課題となるのが、結婚・妊娠・出産といったライフイベントです。

現在では、育児休業や時短勤務などの制度は充実している企業が増えているものの、「子どもを持ったら育児優先にし、仕事は二の次にする」と思っている女性は多く、それによって「女性が使いにくい」と会社側から思われがちなのも事実です。それは、父親、つまり男性は育児に向いていないというアンコンシャス・バイアスがあり、母親である女性だけが育児をするべきだと思い込んでいるからです。

育児を父親が分担せずに母親だけに任せているので出生率が低いのだ、という研究もあります。女性も一生、時短や育休をするわけではありません。40年ほど働くうちのほんの数年のことです。子育ては、会社や同僚も含めた社会全体が負担する覚悟を持つべきだと思います。もちろん、サポートをしてもらう女性も、これを当然の権利だとは思わずに「ありがとう」と感謝することが、マナーとして必要でしょう。

昨今言われているワーク・ライフ・バランスの観点で言えば、そもそも「家事、育児は女性がやるべきもの」といった古い常識も、「子持ちの女性は、男性並みに働けない」「女性は働いても収入が低い」という思い込みから派生したものではないかと思います。

もし、女性が高いポストに就いて高い収入が得られたら、家事や育児、不得意なことも、誰かに助けてもらうことができるでしょう。戦前の中流家庭ではお手伝いさんが家事を助けていました。

「家のことは、たとえ不得意であっても全部女性である自分がやらなきゃいけない」なんていう思い込みはやめましょう。男性もそういう思い込みを女性に押し付けるのはやめましょう。

そして、得意ではない仕事、時間が足りない仕事は人を頼ってもよいのです。

実際に私も、保育所や母や友人に助けてもらい、仕事をしながら子育ての期間を乗り越えてきました。

既婚女性の仕事観に対する誤ったアンコンシャス・バイアス

「結婚している女性は、夫の稼ぎがあるからバリバリ働かなくてもいい」、そう考えている方もいるのではないでしょうか。しかし、これは大きな間違いです。働かなくてよいかどうかは、夫に左右される部分は確かにあります。しかし今、日本の若い男性で妻子を養える収入のある人は極めて少数です。

さらに、夫が退職したり、体を壊したり、心を病んだり、企業が倒産したりして、妻が稼ぎの大半を担っているケースもあります。離婚も増えています。日本は結婚するカップルの3分の1は離婚すると言われているので、ひとりで子どもを抱えて苦労している人も増えています。日本の子どもの貧困の原因の多くはひとり親家庭の貧困です。女性が生計を立てられないと誰でもそのような状況に陥る可能性があります。離婚すると経済的に苦しくなるので、暴力や浮気をする夫にしがみついているという女性もまだいます。

現代において、女性が「結婚したら夫に養ってもらえるのだから、気楽でいい」「女性は、正社員としてしっかり働かなくても大丈夫」といったアンコンシャス・バイアスを持つことは、明らかに間違いであり、その後のその女性自身の人生の選択を狭くし、苦しめることにもなります。

さらにこのアンコンシャス・バイアスは、周囲の対応により、強くなります。私の友人の中には、「夫が稼いでいるのにそんなにあくせく働く必要があるの？」「どうせ夫が稼いでいるんだから、あなたの仕事はお遊び程度なんでしょう」という言葉を投げかけられてくやしい思いをした、という人もいます。

どの家庭にもそれぞれ事情があります。

既婚女性であっても、バリバリ働きたいと思う人は増えています。既婚女性というだけで「働かなくてもよい」というのは、アンコンシャス・バイアスの一つです。断片的な情報だけで物事をとらえてしまうのは、これまでに何度もお話ししてきたように間違った考え方なのです。

「女子は文系、男子は理系」が女性の進路に与える影響

また、進路の選択に関わりの深い「理系・文系」もアンコンシャス・バイアスの影響の大きい分野の一つです。

小学校くらいまでは男女でそれほど差がないのですが、中学校くらいから「女の子は感情的だから文系に向いている」「男の子の方が論理的で理系の才能があるよね」という思い込みが広がり始め、それがジワーッと女性の進路にも影響していきます。

私はこれが今の日本において、特に有害な影響を与えていると思っています。

女子は文系、男子は理系。そもそもこの思い込みは、おそらく中学校以降の、算数から数学に移って少し勉強が足踏みするような頃に、男の子には「これから社会に出たら、この程度のことはできなくちゃダメだから頑張れ」と背中を押す一方で、女の子にはそこで「女の子だからできなくても仕方ないね」といった雰囲気が存在しているからだと思っています。きっと中学、高校の教員たちがそうしたアンコンシャス・バイアスにとらわれているからなのでしょう。

実際、小学校の算数から中学校の数学へ変わる時は、男の子も女の子もどちらも同じように大変さを味わいます。むしろ日本は、12歳くらいのときの理系の試験では、他の国よりも男女の差が少ないのですから、そこを女の子も乗り越えるべきなのです。

今世界中で、女性はSTEM（ステム／科学：Science、技術：Technology、工学：Engineering、数学：Mathematics の頭文字をとったもの）に進むべきだと言われています。しかし、幼い頃からそうしたアンコンシャス・バイアスにとられてしまい、その道を中高生のうちに諦めてしまうために、ＳＴＥＭ人材の層は大変薄く、それも今の日本では問題になっています。イギリスで理工系の学位を持っている人は45％なのに、日本では35％です。韓国、アメリカより少ないのです。

理工系に進む女子でも、生物などバイオ系は得意ですが、物理や機械系といった分野は不得意な傾向にあります。医学部、薬学部は女性の進学者が多いのに、工学部や理学部は少数です。工学部を卒業後、就職した企業でのキャリアが見えないというのも理由かもしれません。

昔に比べれば理系女子も増えてはきましたが、まだまだ少ない状況です。現在、情報系に強い女性は、就職の際は企業から引っ張りだこです。もはや「女子だから理系分野は苦手だろう」などといった周囲からの声を気にするのではなく、男性に向いているとされている分野にこそ、積極的に出て行ってほしいと思います。

職業選択における
アンコンシャス・バイアス

実は職業を選ぶ段階でもアンコンシャス・バイアスが影響しています。

例えば、親が子どもの将来を考える場合、どうしても「今、成功している職業や、今、もてはやされている仕事に就くのが良いだろう」と思い込んで、子どもをその仕事に就けようとしてしまいがちです。

しかし、これはアンコンシャス・バイアスそのものです。現在の親の思い込みを子どもに刷り込んでしまうと、子どもが選択を誤ってしまうことにもなりかねません。

2011年、ニューヨーク市立大学教授・キャシー・デビッドソン氏はニューヨークタイムズ紙のインタビューで、「2011年度にアメリカの小学校に入学した子どもたちの65%は、大学卒業時に今は存在していない職業に就くだろう」

と言って話題になりました。実際にどうだったのかというデータはまだ出ていないものの、「確かにそうだな」とうなずく方が多いのではないでしょうか。

今や小学生のなりたい人気職業といえば、ユーチューバーです。YouTube自体は2005年スタートですから、今の社会人が小学生の頃もあったかもしれませんが、ユーチューバーという職業は存在していなかったはずです。

もう少し遡って私の小学生の頃を思い返してみれば、例えば「プロゴルファー」や「プログラマー」「ホームページビルダー」といった職業もありませんでした。それが今や「eスポーツアスリート」まで存在しています。

このように、時代の変化に伴い、新たな職業が次々と生まれています。さらにAIやDXの進化が著しい中で、社会が必要とする知識やスキルもどんどん変わってきています。

そう考えてみると、今存在していない職業に就くために、どういう準備をして、どういう価値基準が必要なのかという問いの答えは、誰にも出せるはずがないのです。

では、そんな中で子どもたちの教育はどうすれば良いのでしょうか。

これに対する一つの答えとして、私は「変化に対して自分が尻尾を巻かないでいられるよう、きちんと勉強し続けていく習慣を持つ」ことが大事だと思います。どんな変化に直面したとしても、たとえはじめは難しくて理解ができなくても、あきらめず勉強すればわかるようになるはずです。将来の職業を選択するにあたっては、そういった常に勉強していく姿勢やマインドこそが必要になるでしょう。

30年前は、銀行は絶対つぶれないから安定した勤務先だと思っている人が多数いましたが、その後たくさんの銀行が統合や吸収で姿を消しました。

将来のことは誰にもわかりません。「今、この時に成功している仕事に就けば将来も安定している」といったアンコンシャス・バイアスは、間違いなのです。

家業は、親が誇りを持って働く姿を見せる

職業に関していえば「家業は息子（長男）が継ぐべき」といった考えも、まだ残っています。これはどういう家業か、その家業がどの程度の規模なのかにもよりますので一概には言えませんが、そう考える人の人間性の問題とアンコンシャス・バイアスが重なっています。

先祖から積み重ねてきたファミリービジネスには、目に見えない無形資産がたくさん存在しています。事業承継ができる人は、ゼロから起業しなくて良いわけですから、本当はとても有利な立場です。

しかし、自分の家業だと、これまで親が苦労して経営してきたのも見ていますし、「大変だな」という印象ばかりが強くあって、家業を継ぐことのメリットが見えなくなってしまうケースもあります。隣の芝生が青く見えるように、遠くの

ものはよく見えて、近くのものは欠点が見えてしまいがちです。

そのため、家業を営んでいて、親が本当に子どもに継がせたいと思っているのであれば、仕事の大変さだけでなく、その魅力もきちんと伝えていかなくてはなりません。また息子ではなく娘に継がせるのも選択肢として考えてみてください。娘の方がよい後継者になる場合もたくさんあります。お婿さんではなく、娘自身に継がせるのです。

「継ぐべきかどうか」は、本当にケースバイケースですから押し付けてはいけませんが、親は苦労しながらも自分たちが本当に誇りを持って仕事をしてきたことを、しっかりと子どもに見せて伝えていくべきではないかと思っています。家業の良い面、悪い（と思っている）面の話をしていくことで、子どもは客観的に家業を見つめ直すこともできるのではないでしょうか。

ブルーカラーに対する誤った思い込み

もう一つ、いわゆるブルーカラーの評価に関する誤った印象も、職業選択の際によくあるアンコンシャス・バイアスです。

これも私が声を大にして言いたいことなのですが、今や引っ張りだこの職業といえば、電気工事士や配管工、屋根修理やメンテナンス業に塗装工など、手に職や技術を持った職人、ブルーカラーワーカーの方たちなのです。ホワイトカラーと呼ばれる事務系の社員、大企業のオフィスワーカーよりも、はるかにこうした職人さんたちが、市場からも社会からも強く求められています。

実際、腕のいい職人さんたちは、どの業界でも引っ張りだこで、次から次へと仕事が舞い込んでいるそうです。

需要はあるのに人手不足。実はそうした分野はあちこちにあります。私たちが気付いていないだけです。ブルーカラーと呼ばれる職業で、安定した収入を得て、活き活きと人生を謳歌している方も多くいるのです。

他国とは少し異なる日本の学歴社会

ここでは日本の学歴社会に焦点をあてて考えてみたいと思います。

私の世代だと、高校から大学へ進学する女性の割合は10%もありませんでした。前述したように、特に女性は「女の子に学問はいらない」「東京へは出せない」「女の子が4年制なんかに行けばお嫁に行けなくなる」といった親の思い込みから、成績が良くても、大学に進学できない人が数多くいました。そして、「それでも勉強したい」と望む場合には短大へ進学したものでした。

つまり、昔は、優秀だけれども親のアンコンシャス・バイアスの影響で、短大や高校卒業という学歴を選ばざるを得なかった女性が多かったのです。

しかし今は、短大卒というと「成績が悪くて4年制に行けなかったから短大に行った」という偏見を持っている人もいます。そういったことも影響して短大への進学率が著しく下がっていますし、短大そのものの数も減ってきています。大企業は、ほとんどが大卒を採用するので、大学を出ていることが必要となっています。

日本の場合、時代によって「大学に行くのがスタンダード」になったり「高校卒がスタンダード」になったりしており、今は偏差値の高い大学を出ることが学歴の良さだという思い込みがあるのです。しかし入試の偏差値が高い大学も入学してしまえば、ほとんどの人が卒業できますし、大学の成績は就職であまり考慮されなくなっています。

しかし、他の国はそうではありません。

例えば、アメリカは日本以上に学歴社会です。大学入学は日本より楽ですが、勉強しなければ留年、退学です。卒業するまでしっかり勉強して良い大学を出て、さらに大学院や専門職大学院へ進学して良い成績をとっていれば、高いお給料の仕事に採用される、というシステムなのです。企業は、人材が必要になったら新卒者だけでなく中途転職者も募集し、採用します。

しかし日本は、「大卒」として4月に全員一律に採用し、大卒の新入社員は一律の給料です。就職試験の面接時などでは少なからず、卒業予定大学名でのアンコンシャス・バイアスのフィルターがかかるのに、大学名や大学時の成績の差が給料として反映されることはありません。

つまり日本では「大学で何を学んできたか、より入試の偏差値が高い大学に入学する人が優秀」というアンコンシャス・バイアスがあるのです。アメリカでは、修士号、博士号を持っているのが高学歴者で、有名大学でも学部卒は高学歴とみなされません。

日本のほとんどの企業では、学生が大学時代に学んできたことと、社会人になってからの仕事に関係がないということも問題です。

ちなみに、学歴と関連して「進学した後、大学で何をするか」というとらえ方も変化してきました。20〜30年くらい前までの日本の大学では、「厳しい受験戦争を乗り切ったのだから、あなたの優秀さは証明されました。その後4年間はサークルや部活動など好きなことをしてください。仕事に必要な知識は入社してから職場で教えます」といった風潮がありました。

が、今はそうではありません。

そのように変化した背景には企業が丁寧に教育・訓練する余裕がなくなったことと、大卒の人間が増え、ライバルが多くなったことがあります。「資格を取ろう」「スキルをつけよう」というように、大卒という資格に、さらに付加価値をつけようとする学生が増えてきています。学生のうちから企業のインターンに参加し、就業経験を積む学生も多くなっています。

このように学歴に関するアンコンシャス・バイアスは、少子高齢化で大学全入になっている現実を反映してどんどん変わってきました。そして今後も変わっていく、ととらえた方が良いと考えています。

最近では一般入試より前に行われる推薦入試などで入学する学生も増えています。今後、偏差値は意味をなさなくなるでしょう。日本の有名校へ進学することが必ずしも正解ではない、そんな時代が来るのかもしれません。

大切なのは情報をきちんと集め、「今後の社会で何が求められているか」「自分はどんなことが得意なのか」を考え、勉強していくことではないでしょうか。

アンコンシャス・バイアスから脱却することは、生き方の多様性を広げることになります。学歴信仰にまどわされることなく、自分らしい生き方をつかんでほしいと思います。

学歴にまつわる
アンコンシャス・バイアス

最終学歴も、特に日本の職業選択においては重要な要素であり、アンコンシャス・バイアスがかかりやすい部分です。

先にもお話ししましたが、時代は変わり、少子高齢化のあおりを受けて、今や過半数の人が大学に行ける時代になりました。

普通の人が進学できる時代になったのです。トップクラスの高校生が進学していた時代と比べて、「今の大学生は昔に比べて勉強しない」とか「頭が悪い」と言われるのは、大学進学率が高くなったからです。

つまり、「大卒」とひと括りで言っても、その内容は時代によって大きく変わるということなのです。今は半分以上の人が大学に行くようになっていますが、おそらくもう一世代経つと今度は「あなたは大卒なの？　大学院は出ていないの?」と馬鹿にされる時代が来るのではないかと、私は内心思っています。

現にアメリカはすでにそのような状況です。普通の会社員の間でも、「マスターズ・ディグリー(大学院修士課程修了で得られる学位)を持っていないの?」といった会話が、日常的にされています。日本で大学院卒というと、何か専門的な学問の研究者といったイメージがありますが、アメリカではごく一般的な会社員や高校教師なども大学院を出ているのが当たり前なのです。

この現象は中国でも見られるようです。大学院の修士号や博士号を持っていると組織内の出世でプラスになるからと、日本に駐在で働く中国の方が3~5年の駐在期間のうちに大学院で学ぶといった話もよく耳にします。アジアの国々は急速に高学歴化しています。

彼らには「大学院を出ておくことが出世につながるから勉強しよう」という意欲があるのです。それに比べて、日本では大学院を出ていたとしても一般企業ではほとんど評価されません。これでは、他国より教育水準が下がってしまうのも仕方がないとしかいえません。

といっても、教育水準の低下は、日本の大学にも責任の一端があります。大学院は、もっと社会人にも入りやすく、勉強しやすいものにするべきなのです。

もともと日本の大学院は研究者養成が中心でしたから、普通の職業人たちに勉強してもらおうという意識がなかったのです。そうした社会人を教えられる大学の先生が少ないという問題もあります。この背景には、「社会人は、学校ではなく職場で実際に仕事をしながら学んでください」という考えがあってのことなのでしょう。

しかし、時代は変わってきています。日本の大学、大学院も世界の潮流に合わせて変わっていくべきだと思います。昭和女子大学でも社会人向けの専門職大学院が2023年からスタートします。

一方で、日本における大卒に対する評価も変わりつつあります。一昔前までは

「大学を出ていること＝幹部候補生」でしたが、現在は専門学校を出た人、あるいはそういったところから叩き上げで社会に出てオン・ザ・ジョブで仕事をする人、高等専門学校（高専）を出た人の評価が高くなっています。

さまざまな企業、特に中堅企業あたりでは、東大卒を採用して失敗した話はたくさんあるけれど、高専卒を採用して失敗した話はないと言われており、高専卒は高い評価を得ています。これらは、「仕事の能力は学歴ではない」という失敗を経てつかみとった知恵なのかもしれません。

今や人生１００年時代と言われ、「学び直し」にスポットライトが当たる機会も増えてきました。「大学は高校を卒業した人だけが行くところ」ではなく、「学びたい」と思ったあらゆる世代の人が行く、そんな場所になりつつあります。大学側も、もっと門戸を開き、いろいろな人に教育の機会を提供していくべきではないかと私は考えています。

若者に多い働き方への誤解や思い込み

今の日本では、正規雇用、非正規雇用、フリーランスなど、働き方の多様化が進んでいます。

その中で、特に若い方や女性に多いのは「非正規雇用の方が責任ある仕事がなくてよい」「自営業のフリーランスは自由に働けて、ワーク・ライフ・バランスが取りやすいので、気楽で家庭と両立しやすい」といった思い込みです。これは、アンコンシャス・バイアスというより誤解、間違いで、現実を知らないがゆえに表面上の情報だけで誤った認識をしています。無知からくる思い込みともいえるでしょう。

例えば非正規雇用であれば、昇給や昇格はほとんどなく、育児休業も取れない場合が多いですし、有給休暇の取得も不利な状況です。それに任期付きの職が多く、年齢を重ねるにつれて次の仕事の声がかかりにくくなる傾向もあります。

フリーランスは働き方が自由で気楽に働ける反面、仕事はひとりでに降ってきませんから、自ら営業をかけて案件を獲得する必要があります。それでうまくいかなければ、仕事はなく、もちろん収入も得られないという厳しい世界なのです。


すべての人がそうではありませんが、正社員として長く働いている人の中には「毎日まじめに与えられた仕事をこなしていれば、お給料がもらえる」という感覚の人も少なくありません。「雇われていれば収入を得られるのは当たり前」という、その認識こそがまさにアンコンシャス・バイアスなのです。

この思い込みは、特に社会人経験の浅い若い方に多いようです。会社のためにせっせと働いて、学生の時よりも明らかに時間の自由がない。それなのに働かない年長者よりお給料も安い……。そういった不満だけが自分の中で肥大しています。日本の会社員が、先進国の中で一番会社や仕事への愛着をなくしているように感じます。

だからこそ会社に縛られる会社員より、フリーランスになって自由に自分の才能を発揮できたら幸せだろうな、休みをもっと取れるから旅行もできるだろうな、そんなふうに思っている若者も多いのです。

もう一つ、今でも多いのは「どうせ2～3年で結婚して辞めるのだから、別に無理して正社員にならなくてもいいわ」という女性です。その短い期間を正社員として会社にこき使われる必要はない、もっと自由に働きたいという考えを持っている人も少なくありません。

厚生労働省の調査データによれば、2019年3月に卒業した新規大卒就職者の就職後3年以内の離職率は約3割（31・5％）。男性は一昔前までは「就職したら定年まで働く」という意識の人が多かったですが、最近ではすぐに会社を辞めてしまう人も増えています。一方、結婚や出産をしても仕事を続ける女性も増えつつありますから、男性と女性の勤続年数の差は縮小してきています。

企業側も、昔は女性を採用しても結婚や出産ですぐに退職してしまうから、今

郵便はがき

おそれいりますが
切手を
お貼りください

102-8519

東京都千代田区麹町4−2−6
株式会社ポプラ社
一般書事業局　行

お名前	フリガナ	
ご住所	〒　　-	
E-mail	@	
電話番号		
ご記入日	西暦　　　年　　月　　日	

上記の住所・メールアドレスにポプラ社からの案内の送付は必要ありません。□

※ご記入いただいた個人情報は、刊行物、イベントなどのご案内のほか、お客さまサービスの向上やマーケティングのために個人を特定しない統計情報の形で利用させていただきます。

※ポプラ社の個人情報の取扱いについては、ポプラ社ホームページ（www.poplar.co.jp）　内プライバシーポリシーをご確認ください。

ご購入作品名

■この本をどこでお知りになりましたか？

□書店（書店名　　　　　　　　　　　　　　　　　　　　　　）

□新聞広告　□ネット広告　□その他（　　　　　　　　　　　）

■年齢　歳

■性別　男・女

■ご職業

□学生（大・高・中・小・その他）　□会社員　□公務員

□教員　□会社経営　□自営業　□主婦

□その他（　　　　　　　　　　）

ご意見、ご感想などありましたらぜひお聞かせください。

ご感想を広告等、書籍のPRに使わせていただいてもよろしいですか？

□実名で可　□匿名で可　□不可

一般書共通

ご協力ありがとうございました。

は頼りなくても男性を採用すれば、将来会社を支える人材として育ってくれると考えていました。それもアンコンシャス・バイアスですが、今は個人差の方が大きくなっています。

もちろん個人差はありますが私の経験では、若い時期は女性より男性の方が精神年齢が若い場合が多いようです。男性の方が家庭で大事に育てられてきた人が多いのか、少しでも嫌なことがあると「僕はこの仕事に向いていないのかもしれない」と言って、次の仕事のあてもないのに辞めてしまうケースが多いように感じます。それに比べて、昔の貧しい時代はつらいことがあっても我慢して働き続ける「石の上にも3年」というタイプの男性が多かった気がします。

そのため、昔はなかった「転職ビジネス」という、転職を支援するためのさまざまなサービスを行う新たな業界が出てきたのでしょう。テレビやネットのCMは、いかにも気軽に転職できるような印象を与えています。「今の仕事を辞めても何とかなるだろう」という浅はかな転職を助長しているのではないか、と危惧しています。

「新卒で入社すれば終身雇用」、これはもう通用しない考え方と言えるかもしれません。しかし、現実はそう甘くはありません。転職してステップアップができる人は、本人に実力があり、準備しているからです。現実はステップアップできない人が多いのです。勤務先の企業を変える場合も、非正規雇用やフリーランスになる場合も、地に足をつけてしっかり必要な収入を得ていくには、並々ならぬ努力が必要なのです。

アンコンシャス・バイアスにとらわれないためには、きちんとした現実の情報を知っておくことがとても重要です。

医師・医学部に対する思い込みと現実

職業におけるアンコンシャス・バイアスとして、医療従事者の話にも触れておきましょう。

医師という職業は、「入学試験の偏差値が高くて入学は大変ではあるけれど、医師になれば高収入で社会的に尊敬される」というプラスのイメージがありますが、実のところ医師になったあとも、現実は厳しいものがあるのです。

現代の日本の医療保険制度の中では、医師、中でも特に勤務医は長時間労働で体力的にも精神的にもヘトヘトな人が多い職業になっています。日本は病院のベッド数が多いのに医師の数が足りていませんが、医療保険財政は厳しく、収入は増えません。

また、高齢化の波も押し寄せる中、医師だけでなく看護師なども多数必要なのが現状ですが、人材は確保できていませんので慢性的な人手不足に陥っているのです。つまり、とても大変なのにお金儲けができる職業ではない、ということです。もちろん、病院や医院を経営して成功している人はいますが、大多数の人は、厳しい勤務条件の下で雇われて働いています。患者さんを心から助けようという意欲がなければできない仕事です。

これは医師に限ったことではありません。

これから先、さまざまな仕事にそうしたことが起こるのではないでしょうか。一見儲かるように見えたり、格好よくキラキラしていたり、気楽で自由がきく職業と思われていても、イメージにまどわされてはいけません。実際は、競争が激しかったり、労働環境が悪かったり、といったことも多々あります。それに比べ、前述したように手に職を持って仕事をする職人さんたちは安定した暮らしをしています。

イメージ先行で物事を決めつけるのではなく、まず現実の労働環境を知ることです。幸い、今私たちはメディアやネットなど、さまざまな方法から情報を得ることができます。そういった情報を活用しながら、正確に物事を見ていくことがアンコンシャス・バイアスから抜け出すポイントだといっていいでしょう。

歴史における
アンコンシャス・バイアス

みなさんも歴史の勉強をしてきたと思いますが、アンコンシャス・バイアスの観点で考えてみると、特に人種や民族に関して、私たちがアンコンシャス・バイアスを持っていることに気付きます。

こういったことがなぜ起こるのでしょうか。それは、「他の国の歴史について一部しか知らない」からです。

例えば、中国であれば5000年の歴史があり、古代の殷、周、春秋戦国時代から唐までは歴史の授業でもしっかり学びますが、その後の宋、元、明、清というような王朝の時代、アヘン戦争以後、中国が欧米の帝国主義に苦しんでいた時代、そして不幸な戦争時代の歴史的事実は、日本ではほとんど知られていません。

私たち日本人は学校で日本史も縄文時代から教わりますが、せいぜい学ぶのは明治時代までで、大正時代以降、昭和の歴史は時間切れで詳しく学ばないまま修了してしまいます。

その結果、日本が関わった20世紀以降の中国や韓国の歴史についてあまり知ることがありません。歴史をみると、江戸時代までは日本は中国や韓国に対して文化的に先進的な国家として敬意を払っていました。ところが、19世紀後半に、日本が明治維新をなしとげ、日清・日露戦争で勝利を収め、1910年に韓国併合を行ったことから日韓の関係は悪くなりました。中国との関係も、満洲国の建国などで悪化しました。そうした長い時代の中の一時期の悲劇を、お互いの国が引きずっていて今があります。つまり、両国でアンコンシャス・バイアスVSアンコンシャス・バイアスの形になっているわけです。

今もなお現存しているお互いのアンコンシャス・バイアス。今後、私たち日本人はどうしていけば良いのでしょうか。大変難しい課題が多数あります。しかしお互い嫌だからと言って、どこかへ引っ越すわけにもいかないですから、隣国同士、折り合っていくほかないのです。

現代に目を移してみると、韓国から学ぶべきところはたくさんあります。例えば、Ｋ－ＰＯＰや韓流ドラマなどは、世界中で人気を得ており、目を見張るものがあります。文化の世界戦略で見れば、日本は大きく遅れているのではないでしょうか。

若い世代では、韓国の文化に憧れて、韓国語を勉強したり、留学を希望したりする人も増えてきたように思います。

経済面では情報化の進展が著しく、サムスンのような世界企業を有し、５Ｇ通信網も日本より韓国の方が発達しています。ＩＭＦ危機で経済が危なくなった際には、光ファイバーを整備し、国民にパソコンの練習をするための講習チケットが配られ、韓国は情報大国になったと言われています。現金をばらまくのではなく環境整備をすることで、次の発展に投資したのです。

コロナ禍で全国民一律に10万円の給付金が配られた日本では、その約７割は貯蓄に回されたと言われています。また、韓国は、大学の受験戦争が厳しいだけでなく大学入学後も卒業後も勉強する人が多く、英語や情報技術のレベルも、日本人より上です。

一方、隣国の中国では、一人っ子の将来に期待し、教育熱心です。親類との付き合いも多く、たくさんの人の中で揉まれながら育っていますから、子どもたちに培われた競争心、ハングリー精神も強く、エネルギッシュな人も多いです。日本人は、少し抵抗感があるかもしれませんが、そういった部分にも目を向けていきたいものです。もちろん中国も豊かになって、あまり頑張らない「ねそべり族」も現れているようです。時代によってそれぞれの国も社会も人も変化しているというわけです。

国と国との関係は時代によって変わっていきます。今後も隣国とは無色透明でニュートラルな状態にはなり得ないのでしょう。自分たちの軸をどこに置くかで柔軟に対応することが大事になってくるのです。

私たちが知らないのは、なにも外国の歴史や社会についてだけではありません。日本の歴史上の人物についても、正確に知っているわけではないので、同様のことが言えます。

例えば坂本龍馬も、司馬遼太郎の描く坂本龍馬を見ると、とても魅力的に感じますが、実際のところはわからない部分もあります。

小説やドラマに出てくる歴史上の登場人物は、歴史の一部を切り取って脚色をしたヒーロー、ヒロインです。実際の人物と描かれたイメージとは違うのだ、と認識しておいた方がよいでしょう。つまり、あくまでフィクションであり、「私はこの人の一部分しか知らないのだ」と、自覚しておく必要があります。

また、歴史上の人物においては、その時代ごとの価値観によってイメージが作り上げられてしまいます。

例えば、江戸時代の徳川家康は神君、東照大権現として尊敬されていましたが、明治維新以降は「狸親父」のあだ名が付けられるなど評価が低くなっていきました。北条政子に対する評価も時代によって異なります。つまり、時代によってその人の印象ががらりと変わる場合は、往々にしてあるのです。

とはいえ、歴史上の人物に対して、他人が自分とは別のイメージを持っている時に、それでケンカをする必要はありません。歴史の真実は誰もわからないですから、自分と違うイメージを持つ人がいることを受け入れましょう。

人物のイメージというのは「知らないから」作り上げられるものだということをまず認識するべきでしょう。

この項の冒頭にも申し上げた通り、「自分はすべての歴史は知らないのだ」ということを認識したうえで、物事や人と付き合っていくことが大切なのです。

人間関係上の、陥りやすい思い込み

人は人間関係の中で生きています。

もちろん、人間関係と一言でいっても、実にさまざまな関係があります。職場の人間関係、友人関係、家族、ご近所付き合いなどなど、数えればきりがないですが、その関係の中にも、多かれ少なかれアンコンシャス・バイアスがあると言っても過言ではありません。

例えば、友人と長い関係を築くために大切なのは、「見た目だけでなく人間性を見て付き合うこと」です。

幼なじみや同級生のように昔から知っているとか、何度も会う機会があれば、表面上の見た目だけではなく、本当にその人が親切かどうか、信頼できるかどうか、といったことがわかり、見た目の印象には左右されません。

職場の人間関係のように継続的な関係なら、仕事ぶりや態度などから「この人は、実は明るく活発な人なんだ」「ほんとはおしゃべり好きな人なんだ」と、初対面から印象が変わることもあります。

しかし、初対面の場合や、1回しか会っていないといった場合、多くの人が外見の印象や1回だけ話した時の印象で判断してしまいがちです。

接する時間が短い相手を表面上で判断してしまうのは、人間として当然のことで、まずそこは「よくあることで受け入れなければならない」と私は思っています。

そこを理解したうえで、初対面で会う場合、自分はどういう印象を相手に与えたいか、そのためにどんな服装をするか、あるいはその時会う人たちにどういう言葉をかけ、行動を取るかを考える必要があります。

自分が思慮深い人と思われたいのか、元気で面白い人だと思われたいのか、それによって服装や態度を変えなければなりません。私自身は、自分が元気でエネルギーがあることをアピールしたい場合は、はっきりした色の服を着ますし、脇役で目立たないようにしたい場合は、中間色の地味な服を着るようにしています。

アンコンシャス・バイアスは国や地域の間でも生まれる

人間関係におけるアンコンシャス・バイアスは、地域や民族の差でも生じることがあります。

２０２２年現在、急速に円安が進んでいて、この本がみなさんのお手元に届く頃には、どこまで進行しているだろうかと、私は恐れていますが、円高だった時を思い出してみてください。

自分の国のお金が強い時、人は外国に行くと、お金持ちになったような気持ちになってどんどん買い物をします。例えば90年代は、日本人が中国やアジアの国々に行くと「なんて物価が安いのだろう」と感激して、モノをどんどん買って、ホテルやレストランのサービスも気軽に享受することができました。

ところがそんな日本人も今はといえば、アジアに行ってもアメリカに行ってもヨーロッパに行っても「うわ……、こんなに高いんだ。消費税もかかるし、払えないわ」と尻込みしてしまうようになりました。

以前のようにブランド品を買い漁ったり、高級ホテルに泊まったりということもできなくなりました。鷹揚《おうよう》だった日本人の金回りが悪くなってしまったのです。一方コロナ禍前の中国人観光客が「日本の品は、質がよくて安い」と、爆買いをしていたのは記憶に新しいと思います。

つまり、時代によって国の経済力も随分と変わる、ということです。現に「日本」という一つの国だけを見ても30年で経済状況は大きく変わりました。かつては「豊かな国」のイメージが強い日本でしたが、今はハンバーガーなどのファストフードの価格を比べると、アメリカはもちろん周辺のアジア諸国より安くなっているなど、30年にわたるデフレ経済で物価が継続的に下がっている状態です。今の日本は「おいしい外食が安く食べられる」「安いものがたくさん買える」、海外の人から見ると、そんなイメージを持たれているのです。

同様のことが、いわゆる「途上国」と言われる国のことを考えた時にも起こっています。例えば「途上国」の人というだけで、「お金がない」とか、「あまり立派な物を買ったり持ったりしたことがないからセンスが悪いだろう」とか、「教育を受けていなかったから教養がないだろう」というアンコンシャス・バイアスは、そもそも間違っているのです。

その国の人の暮らしや価値観は、それぞれの国の発展段階や経済状況の影響を強く受けます。その中には、学びの機会や豊かな暮らしをする経験がない人もいるでしょう。しかし、実際には日本人以上の富裕層も少なからずいるのです。

途上国であっても、恵まれた階層で育った、大金持ちの人たちの中には、海外の大学に留学し、そのまま世界的に活躍している人もいます。

つまり、ニュースで報道される情報や、自分が直接知っていたり、交流したことがあったりする人の特徴が、その国全体の人たちや民族全体の平均ではないのだということです。

お金持ちもいれば生活が苦しい人もいるし、十分な教育を受けられる人もいれば受けることが難しい人もいる。自分の中にある知見だけがすべてではない、という目を持つことがとても大切です。

ロシアによるウクライナへの軍事侵攻でもそうです。報道などを見て、「ロシアはウクライナの人たちに残虐でひどいことをしている。ロシア人はなんて残虐なんだろう」「日本人へも満洲やシベリア抑留でひどいことをした」などと多くの人が思っていることでしょう。

でも、ロシア人すべてが戦争に賛成しているわけではありません。メディアからは見えてこなくても、ロシア人にもそれぞれ私たちと同じように家族や友達、愛する人がいて、優しい人も素朴な人も大勢います。

地域差によるアンコンシャス・バイアスを防ぐには、「この国の人はこんな人」という勝手な思い込みのレッテルを貼らずに、同じ地球上に住む人間同士として、どの国の人に対しても、平等な視線で向き合っていく必要があるのです。

人種差別のきっかけも無意識の中から

例えば「アフリカ系アメリカ人は何か怖い」という認識、これは人種差別ですが、差別というのはアンコンシャス・バイアスから生まれるものなのです。

では、そもそもなぜこうした発想が生まれてしまうのでしょうか。アフリカから奴隷として連れてこられ、人身売買された人たちは、長い間、貧しくて教育を受けることも収入の良い仕事に就くこともできなかったのです。

また、日本人の中ではあまり意識されていませんが、欧米ではユダヤ人に対するアンコンシャス・バイアス、差別も存在します。これは、「ユダヤ人は頭が良いけれどキリスト教徒ではなく、何かずる賢い金儲けをして、国や社会をあやつろうという企みを持っている」といった思い込みからくるものです。ナチスがユダヤ人を迫害したのも、そういった偏見がドイツ社会にあったことも一因としてあるでしょう。ナチスが異常とはわかっていながら、戦争中にはそれに従った人が多くいたのです。ヨーロッパやアメリカでは、今でも黄色人種、アジア系の人に対する偏見は完全にはなくなっていません。

こういったことから、地域や民族におけるアンコンシャス・バイアスが社会全体にいかに深く根をはり、それが戦争などの遠因となって、最終的に残虐さを深めるかは想像がつくと思います。

そんなアンコンシャス・バイアスの中にあっても、第二次世界大戦中、アウシュビッツ収容所から生き延びた人たちもいました。ナチスの占領下、自らを危険にさらす行為だったにもかかわらずユダヤ人を助けた人がいたのです。

実行するのはとても難しいことだったでしょう。それでもアンコンシャス・バイアスや偏見にとらわれずに行動した人は、人間として崇高だと私は思います。

『アンネの日記』で有名なアンネ・フランク一家をかくまったミープ・ヒースさ

んもそのひとりです。見つかったら自分が死を覚悟しなければならない中で、とても勇気ある行動を取った方です。社会に根付いた差別というアンコンシャス・バイアスと闘うことは、勇気が必要であり、困難ではありますが、大事なことは「自分ができることを少しずつでもやっていく」ことだと私は思います。簡単なことではありませんが、差別にあらがう人が増えれば世の中は確実に良くなります。

そして、行動するためには、まずは正しい知識を持つこと。私たちひとりひとりは、まずはそこから始めていきましょう。

見た目が日本人なら、日本人だという思い込み

「見た目から判断する」というのは、多くの場面で見られる思い込みです。例えば、「見た目が日本人だから日本語が話せるはず」と考えるのも、アンコンシャ

ス・バイアスといっていいでしょう。見た目が日本人でも、帰国子女や二世三世の人の中には、日本語が少しおぼつかないとか、まったく不得意という人もいます。

一方、見た目が日本人らしくない、つまり両親あるいはどちらかの親が外国人でも、日本で教育を受け、日本語も英語もどちらも十分使いこなすバイリンガルという人も少なくありません。

さらに、会話はできるけれどきちんと書けない、読めないという方もいます。日本で教育を受けていても日本語がおぼつかない人がたくさんいますが、こういった現実は、会話をしたり仕事をしたりしてみないと、実際のところはわかりません。

そう考えると、よく「子どもが外国で教育を受けたら、ひとりでに英語が上手になる」と思って、小さい時に、夏休みに海外に行かせたり、英語の保育所や幼稚園に行かせたりして、努力される方もいますが、実はこれはあまり効果がないのではないかと思います。

本当にグローバルで通用しようと思ったら、英語は2000時間、本気でしっかり教えないとダメだと言われています。

それよりもまずは母国語、日本語をしっかり読み書きさせることが大切です。「日本人は教育熱心だ」と言われていますが、その上をいく国がたくさんあります。4年ほど前に『タイガー・マザー』という、娘たちをいわゆるスパルタ教育で育てた中国系アメリカ人の女性の体験記が話題になりましたが、特に中国や韓国、台湾、シンガポールなどアジア系の家庭は、教育に非常に熱心です。父親が韓国で働いて仕送りし、母親と息子はアメリカ（フィリピン、マレーシアの場合も）で英語教育を受けるという家庭もめずらしくありません。彼らは、スポーツやピアノといった習い事も、中途半端な気持ちではなく、本気でやらせます。

第3章

人間関係の中にある「思い込み」

第3章では、夫婦や親子、恋人同士など、さまざまな人間関係において、私たちがどんなアンコンシャス・バイアスの影響を受けているか考えていきたいと思います。

夫婦間における役割分担に関する思い込み

「男は仕事、女は家庭」。

日本ではこの性別における役割分担が20世紀後半の特に高度経済成長時代、一般家庭にまで浸透しました。

収入の高い人が外で稼ぎ、収入の低い人や働いてもあまり稼げない人が家の仕事をするというのは、20世紀後半の日本においては、女性たちがまともにお金を稼げるような仕事や機会がとても少なかったので、女性が家事や育児をすることが合理的な選択でした。

しかし現代では、第一次産業、第二次産業従事者が減り、さらに男性にとっても、働き方の多様化や作業の機械化などにより、朝から晩まで働き続けるような仕事や力仕事といった、体力が求められる仕事はグッと少なくなりました。

また、女性の大学進学率が高くなり、女性も専門知識や技術が必要な職業に就くようになりました。まだ昇進の機会は、男女の差があるとはいえ、女性の管理職、役員も増えてきており、専業主婦は少数です。男性も女性も関係なく、医師や弁護士、ＩＣＴ技術者といった職業に就くことができ、お金を稼げるようになったわけです。

ですから、夫と妻の間において、稼げる方がより多く稼げばよいですし、お互いに納得していれば、仕事と家事をどのように分担しても、それこそ外注をしてもよいと私は思っています。

とはいえ、今もなお、男性は稼ぎ手、女性は家族の世話役という、高度経済成長期の日本に形成されたアンコンシャス・バイアスを引きずっている人は少なくありません。例えば、昨今男性の未婚率が高くなっていますが、その要因の一つが、男性が「男が妻子を養わなければならないのだ」というアンコンシャス・バイアスにとらわれ、収入の低い男性は結婚できないと思い込み、自分よりも収入が高い女性とどう付き合ったらよいかわからない、さらにどのような家庭を築いたらよいのかイメージが湧かない、ということだと言われています。

つまり、アンコンシャス・バイアスにとらわれていることで、結婚相手の選択肢を自ら狭めてしまっているのです。そのような理由で未婚者が増えて、少子化がさらに進んでしまうのは本当に残念に思います。時代は変わっていますし、もっと気楽に考えてよいのです。

「髪結いの亭主」ではないですが、奥さんに稼いでもらって自分はフリーランスの芸術活動にいそしむ。アンコンシャス・バイアスから解放されて自由に考えれば、そんな選択肢もあるのです。

女性も同じです。

例えば、公務員や大企業の正社員など安定した仕事に就く女性は、「まだ海のものとも山のものともわからないけれど理想を追う人」と結婚し、家事や育児をしてもらうのも良いのではないでしょうか？　2人とも忙しい正社員で、お互い時間がなくて不満を言い合っているよりは、よっぽど人生を楽しく過ごしていくことができる。そう思いませんか？　夫婦間の職の組み合わせをもっと自由に、さらに役割分担をもっと柔軟に考えていくことは、アンコンシャス・バイアスをなくすことにつながるでしょう。

また夫婦間の働き方で、「転勤には妻も付いていくもの」といったアンコンシャス・バイアスも昔と比べて変化しています。現在では、妻の方が単身赴任をして、夫が家事や子育てをしているカップルもいます。

実は、この転勤に関しては、日本よりアメリカの方が強いアンコンシャス・バイアスがあります。日本は昔から「単身赴任」という言葉もある通り、夫がひとりで赴任することに許容性があります。しかし、アメリカ社会では、「夫と妻がいつも必ず行動を共にしなければならない」という社会的ルールが根付いていて、とても不自由な思いをしているのです。アメリカは夫婦同伴がルールなので女性の地位が高いというのは誤解です。

今はアメリカでも「夫婦がいつも一緒じゃなくてもよい」とか、夫婦それぞれのキャリアを追求する人も増えてきたので、少しずつ変わってきていますが、かつては単身赴任が夫婦の離婚理由になるくらいでした。

またアメリカでは常に夫婦単位で動き、それで社会がつくられているため、離婚した場合は、夫婦で付き合いのあった友人、夫婦で参加していたパーティといった人間関係や社会とのつながりをもう一度ゼロから作り直さねばならなくなります。

日本ではいろいろな社会の常識、アンコンシャス・バイアスにとらわれて個人の自由の選択ができない部分がありますが、それは何も日本に限ったことではありません。アメリカにはアメリカならではの、それぞれの国のアンコンシャス・

バイアスにとらわれていることが結構あるのです。

私の知人女性も、短期間ですが海外出張をし、その間子どもの面倒は夫と自身の実家にお願いした、という例があります。その女性は外資系企業に勤める方でしたが、聞くと外国人の同僚たちは小さな子どもがいても気にせず海外出張に出るとのこと。それを彼女自身見ていたから踏ん切りがついたのかもしれません。

職場の空気は個人の考えに影響するということです。

「家族はみんな一緒にいなければならない」「一緒にいた方が仲良くいられる」とも言われますが、必ずしもそうではないでしょう。一緒にいない時期があってもコミュニケーションが取れていればいいのではないかと私は思います。もっと思い込みから解き放たれ、「自分のキャリアも、家族のことも両方諦めない」方法を模索していくことが大事なのではないでしょうか。

「子どものことには口出ししない」という父親たち

親子間におけるアンコンシャス・バイアスで、今の日本で一番問題なのは父親の「子育ては母親に任せておけばよいのだ」という思い込みだと思います。「母親が責任を持って子育てをすればよいから、父親は子育てに口出しをするものではない」「父親が余計なことを言うと波風が立つから、何も言わない」といったことです。これは現代の思い込みに過ぎません。

江戸時代、武士階級では男子の教育は父親がするものでした。15歳くらいになれば藩校という学校のようなところへ行きますが、その前に素読《そどく》を教えたり、剣道の竹刀の持ち方を教えたりといった男の子の教育には、父親がしっかりと関わっていたのです。

一方、女子の教育は、この時代も母親が中心となって関わっていましたが、20

世紀後半になると女子も男子も教育に責任を持つのは母親ひとり。父親は、というと仕事が忙しいといった理由で、子どもの教育に十分関われてきませんでした。歴史的にみても、この「父親が教育に関わるべきではない」というのは、単なる思い込みだということがわかります。

しかし時代は変わり、日本でも育児に関して少しずつ父親が関わるようになってきました。ぜひ教育にも関わってほしいものですが、いわゆる「教育パパ」というのは、進学に関することには積極的に関わるものの、社会人として、人間として身につけなければならない常識などについての教育には消極的です。

「人の信頼を裏切ってはいけない」「嘘をついてはいけない」「困っている人は助ける」「弱いものをいじめてはいけない」……。そういった真理こそ、母親だけでなく父親も、本気で息子や娘に伝えるべきだと思います。

当然ながら、父親は母親とは違う人間、性も違いますからお互いに別の世界観、価値観を持っています。異なる世界観を持つからこそ、それを子どもに教える必要があるのではないでしょうか。今の父親になかなかそれができないのは、アンコンシャス・バイアスもあるし、仕事に追われて時間が少ないこと、どう伝えてよいかわからないといった複数の要因があるのでしょう。

仕事のことを事細かに教える必要はありません。それよりも、社会人としての心構えや視野を広く持つことを伝えてほしいものです。今の父親はそもそも自分の父親からそうした教育を受けていない場合が多いので、難しいのでしょう。

団塊の世代が子どもの頃あたりから、家族内での伝承が断ち切られているといわれています。親が子どもをしっかり育てることは、これからの日本で大事にしていくべきとても重要な課題です。

また父親には進学だけでなく、就職に関してもできれば積極的に関わってほしいと思います。例えば、「企業の寿命は30年と言われる中、今人気の就職先とされている会社がこれから先どうなっていくか」あるいは、「利益を上げていても経営者に問題のある企業の見分け方」といった、自らの社会経験で培ってきた見識を、ぜひ子どもに伝えてほしいのです。

次の世代をたくましく立派に育てる責任は、母親だけではなく、父親にもあります。父親も逃げないできちんと関わることです。子どもに社会人として「生きる力」をつけさせることは職場で成功するのに劣らず人生においても大切です。頑固親父だってよいのです。それを乗り越えるためにも、子どもはたくましく育つのですから。

母親が持つ思い込みと子どもが抱く理想像

特に思春期以前の子どもは、親のアンコンシャス・バイアスの影響のもとで育っているといっても良いでしょう。経験の乏しい子どもは、育てられた環境や親の言動を、当たり前だと思って暮らしていくからです。特に直接関わることの多い母親からのアンコンシャス・バイアスの影響を強く受けています。

では今の学生たちには、母親から受けた、どんな思い込みがあるのでしょう。

現在の学生たちの母親世代は、専業主婦ではなく、パートタイムの兼業主婦が大半です。そのためパートでの収入があるとしても、家庭では主たる収入を得る夫を立てる、いわゆる「男性が稼ぎ手で自分は世話役」という関係性です。

そんな母親の姿を見ているため、自分がしっかりやりがいのある仕事を持って経済的に自立しなければ、とまでは考えていません。母親の生き方を見てきているため、それ以外の生き方を現実に考えるまでに至らないのです。

もちろん、「不測の事態がありうる」(離婚、死別、病気など)とも考えていません。夫と死別や離別をしても自分で家族を養うことができるほどの経済力を身に付ける必要性も感じていません。このような考え方を持った若い世代の女性を見るたび、考えが甘いと私は思ってしまいます。

どうしてこういった現象が起こるのでしょうか。それは、前述したように、現実の変化を知らないまま、見ないまま、自分の母親ぐらいの世代、つまり自分より一世代前あたりの身近な女性像を当たり前だと思ってしまっているからです。「女性はお母さんみたいな生き方をしている人が多いんだ」と知らず知らずのうちに思い込んでいるのです。

繰り返しますが、現代は男性だけの収入で一家を養うというのは困難になっています。さらには日本の勤労者の所得は増えず、日本の給料は他の国に比べ、足踏みしているという厳しい現状もあります。経済的に見ても、既婚女性はパートタイムで働けばいい、という人生設計はリスクそのものといっていいでしょう。自分自身を養える仕事を持つべきなのです。

では、どうすればこのようなアンコンシャス・バイアスに陥ることのない考え方を持てるようになるのでしょうか。

それには、前にも述べた通り、現実を知ることが必要です。

しかし、現実の社会にはあまりにもいろいろな例がありますから、それらすべてを把握することは容易ではありません。ただ、一つ有効な方法として、統計を見ることが挙げられます。もちろん統計も、時に嘘をつきますが一定の傾向を知ることはできます。

前にも触れましたが、現在、日本では結婚した人の約3分の1は離婚するというデータが出ています。この現実を知るだけでも、「今は結婚しているけれど、もしかしたら離婚するかもしれない」「その場合に備えて自分自身を養うくらいの稼ぎが必要だ」ということが想像できます。

このように、子どもの頃に身についてしまったアンコンシャス・バイアスを剝がすためには、現実の数字を知ることはとても大事です。

若い世代は、社会で生きていくリテラシーを養う時期ですから、今必要なリテラシーを身につけるための努力、学習が必要です。また、親世代も「昔はこうだったから」というような古い時代のことを、あまり押し付けないよう、現実の社会を知ることが大切です。

「不易流行」という言葉ではないですが、例えば「嘘をついてはいけない」「人を殺してはいけない」といった普遍の真理のようなことは、しっかりと伝えていかなくてはなりません。そうではない、その時々の社会で変化していく事柄（物事の好き嫌いや良し悪し）は、時代と共にどんどん変わっていきますから、そこには自分の「好き」や「生き方」を他人に押し付けないようにしたいものです。

とはいえ、つい人間は自分の経験してきたことを正しいと思ってしまいがちです。「私は私。私はこれで良かったが、人は違ってかまわない」と、思いましょう。「私は私」を逆にすれば、「人は人」。自分は自分なのだから、人の生き方を妬んだり、心が動揺したりする必要はありません。

「私は私、人は人」といいましたが、これは言うは易く、行うは難し。実践するのは決心が必要です。やはり、目の前に自分より幸せそうで人生を謳歌している人がいれば、「なぜあの人はあんなにうまくやるのだろう」と思い「それにひきかえ私の人生はさえない」と落ち込みます。

私も含めて多くの方がそうでしょう。そういう時私は、「徳あるは讃《ほ》むべし、徳なきは憐れむべし」という言葉をつぶやいたりもします。「徳あるは讃むべし、幸福な人、立派にふるまっている人を見た時に妬むのではなく、「ああ、「ああ、すばらしい。私もあんなふうになろう」と思うこと。「徳なきは憐れむべし」というのは、自分の自慢をしているような人や人の悪口を言ったり、いじわるを言ったりする人に対して怒るのではなく、人間ができていないのはかわいそうだなと思うことです。

「人は人」とわかっていても、人間は自分の心のありのままに従っていると、つい悔しい、うらやましいという方向にいってしまいます。それをグッと引き戻すために、私はこの言葉をお守りのように、いつも繰り返すようにしています。

母親が罪悪感を持つマミーギルトという感情

最近、「マミーギルト」という言葉を見たり聞いたりすることがあります。マミーギルトとは、「自分は母親なのに仕事をしていて、十分子どもの世話をしていないから、良い母親ではない」と子どもや家族に罪悪感を抱き、自分を責めてしまう感情のことです。

仕事も子育ても精一杯しているのに、なぜか罪悪感がある……。これもまさにアンコンシャス・バイアスの一つといえるでしょう。しかし、これは今に始まったことではありません。コロナ禍以前から、「母親が働いているからといって、子どもが不利になってはいけない」「子どもが理想通りに育っていないのは、私が仕事をしているからかしら」と思い悩む人はたくさんいました。

さらに悪いことに母親自身がそう思い込んでいるだけでなく、「あそこのお母さんは働いているから、子どものしつけがちゃんとできていないよね」「○○ちゃんのお母さんはいつも忙しそうで、子どもがかわいそうよね」という、周りの思い込みが反映されている場合もあります。

マミーギルトを感じている母親はそういった批判に反発することができず、「そうだ、私は働いていても子どもに迷惑をかけてはいけない」「母親は子ども優先であらねばならない」と自分を縛ってしまうのです。

そんなワーキングマザーたちに私はいつもこう言っています。「じゃあ、どこかに１００％完全な母親はいる？　あなたは60〜70点かもしれないけれど、他の人だってみんな良いところもあれば悪いところもあるのよ」と。


もちろんこうしたことは、私自身、自分の子育てが終わった今だから言えるのですが、子育てをしていた当時は、私自身も「子どもの面倒をちゃんと見なくて私はなんて悪い母親だろう。こんな母親を持って子どもはかわいそうだ」という思いを抱えていました。私だけではなく、おそらく働いているお母さんたちの多くがそうだと思います。子どもにしてみれば、いつも学校から帰ると家にいて、おやつを出してくれる。あるいはいつもそばにいて、話を聞いてくれる。そんないわゆる「普通のお母さん」を期待しているかもしれない、と。

でも、この「普通」というのは、アンコンシャス・バイアスはもちろんですが、それを超えて言葉の暴力だと私は思うのです。「普通」の人なんてどこにもいませんし、そもそも普通という基準はないのです。ですから、「普通の家はこうだ」「普通のお母さんはこうだ」ということに縛られてはいけません。どの子も、その子の与えられた場で、与えられた運命を生きるほかありません。

自分の子育てを振り返ってみて、自分自身は親心のつもりでやったことが「あれはアンコンシャス・バイアスだったな」と思うことがあります。

「女の子は普通より少し成績が良い程度では、周りのルールに適応しないと風当たりが厳しい。それを跳ね返せる力があれば良いけれど、うちの娘には跳ね返す力がそこまでないのではないか……」と思い込んで、挑戦をすすめなかったことがあったのです。

ちょうど私がオーストラリアの総領事だった頃のことです。子どもは、高校受験期に差し掛かり、進路を決めなくてはいけない時でした。私は日本での大学受験には不利になっても、海外の高校で過ごすのはよい経験になると思い、オーストラリアに来るようすすめたのですが、子どもはオーストラリアではなく日本で受験勉強することを本人の意思で選択しました。

本人は海外志向がそれほど強くない、英語力も十分でないという自分を把握していたからでしょう。オーストラリアの大学に進学して、社会の片隅で過ごすより、日本でちゃんと仕事ができる資格を身につけたいと医学部に進みました。

今では彼女の選択は間違っていなかったのだと思っています。

そういう意味で、マミーギルトから派生する子どもへの思いはいくつになっても、消えないものなのかもしれません。でも、過度に罪悪感を感じる必要はないと私は自身の経験からも思います。

男女で違う子育て観

ここまで親子間におけるアンコンシャス・バイアスを話してきましたが、特に子育てのアンコンシャス・バイアスを考えるにあたり、私の中でとても印象的だったエピソードをご紹介します。

20数年前の話になりますが、ノルウェーの保育所を視察しに行った時のことです。まだ日が高い16時頃、ひとりのノルウェー人のお父さんが、その保育所に子どもを迎えに来ていたので少しお話ししたのです。

「お迎えですか？」と私が声をかけると「父親が子どもを迎えに来られるというのは誇りなんです」と話してくれました。「16時という早い時間にお迎えに来られるのは、自分が仕事をコントロールできている証拠。ワーク・ライフ・バランスを取りつつ、子育てをしながら仕事もしている人というのは、ノルウェーの社会では人生の成功者です。例えば、9時から17時まで決められた時間を働かなければならないような男性たちには、お迎えはできないのです」と言うのです。

正直、私は驚きました。というのも当時、日本では、「本来子育ては女性がやるべきで、子育てをしている男性は仕事で成功していない、弱い男性」あるいは「女性から子育てを押し付けられている気の毒な男性」というマイナスイメージを持たれていたからです。

ノルウェーの若い父親の自信にみちた態度に、私は改めて「私自身が子育てにおいて20世紀後半の思い込みにまだとらわれているのだな」と感じました。

なぜ私が「20世紀後半」という部分を強調しているかというと、前にも触れたように明治以前の日本では子育てに父親が深く関わっていたからです。

例えば明治11年に日本の東北地方から北海道を旅した、イギリス人の女性旅行家、イザベラ・バードは著書『日本奥地紀行』で、日本の庶民の男性たちが子どもたちをとてもかわいがっていたり、仕事が終わったあとに父親が、子どもたちが遊ぶのを見守っていたり、といった光景を記しています。このようにかつては、日本の男性も積極的に子育てにコミットしていたのです。

もっと時代を遡ると、奈良時代の貴族で歌人の山上憶良《やまのうえのおくら》はこのような歌を詠んでいます。

「銀も　金も玉も　何せむに　まされる宝　子にしかめやも（しろかねも　くがねもたまも　なにせむに　まされるたから　こにしかめやも）」

金銀宝石も、それらよりずっと勝る宝である子どもに及ぶだろうか、いや及ぶまいといった、父親が子どもを想う歌です。

また、紫式部の曾祖父にあたる藤原兼輔《ふじわらのかねすけ》は、「人の親の心は闇にあらねども子を思ふ道に惑ひぬるかな」といった歌を詠んでいます。これは、「親は子を思うあまり迷ったり悩んだりするものだ」という、子を思う父親の心境を表しています。「親は子どもを思って心の闇にとらわれている」という言葉があったくらいに、父親と子のつながりが強い時代があったのです。

しかし、時代が移り変わり、儒教の教えが入ってくると、男尊女卑や公私の峻別、忠君、忠義の方が大事で、妻子の情に溺れてはいけないという考えが浸透しました。また、戦後は日本の高度経済成長時代があり、父親が子育てに関わらない時代が続きました。このような時代が現代まで続いているのですが、それでも今、少しずつ子育てに対する考え方が変わりつつあります。

例えば子どもの送迎も、まだトータルではお母さんの割合が多いですが、スーツを着てリュックを背負ったお父さんが、赤ちゃんを抱っこして保育所へ送り迎えに行く光景は、以前より随分増えました。

一昔前の私たちの世代では、お父さんが迎えに来るというのは、「あら、偉い！」とか「立派ですね」と特別に褒めそやすか、そうでもなければ「お母さんに何かあったんですか？」と驚くようなことでしたが、変わりました。保育所だけでなく週末のショッピングセンターなどでは、父親と子どもたちだけの親子連れの姿もよく見かけるようになりました。


少しずつ変わりつつある日本の子育てですが、私はまだまだ十分ではないと思っています。繰り返しになりますが、父親には特に、「赤ちゃん育て」はもちろんですが、もっと「子どもの教育」にも積極的に関わってほしいと、声を大にして言いたいのです。

また、子育てする人たちには、仕事、家庭・子育ての2つのバランスだけでなく、個人の生きがいやパブリックコミュニティなど、いわば「社会と自分との関係」を加えてバランスを取ることが大事だという認識を持ち、その3つでのバランスを取ってほしいと願っています。

人間として生きていくうえでは、仕事はもちろん重要ですし、家庭・子育ても大事ですが、その他に「社会を良くしよう」とか「困っている人を応援しよう」といったことに関心を向けるのも子どもにとって、よいお手本となります。

少し話が逸れますが、もともと私は「ワーク・ライフ・バランス」という考え方に対してとても抵抗がありました。人間はワークとライフの2つだけで生きているのではありません。

人間はもっと複雑で、さまざまなコミュニティの中で生きています。だからこそ、もっと世の中のことに目を向けないと、古いアンコンシャス・バイアスから逃れることができません。

例えば、自分の子どもの将来を考えるのであれば、どこに進学するかも大事ですが、友人と助けあうことができるようになるとか、自分のことだけではなく、もっと社会全体を良くすることに意欲を持つ子に育てないといけません。そこを考えられないと、「偏差値の高い大学に入れば良い」「有名企業に就職すれば良い」というように、視野がどんどん狭くなっていくと思うのです。

そして、そのようなアンコンシャス・バイアス的なものの見方が子どもに植え付けられ、再生産されていく。悪循環の結果として日本全体が弱っていくのではないかと危惧しています。子育ては自分たちの社会の未来に目を向けること。そういった視点を、父親にも母親にもぜひ持ってほしいと思っています。

シングルマザー&ファザーが持つアンコンシャス・バイアス

現在は、家族の形が多様化しています。シングルマザー、あるいはシングルファザーで子育てをしている人もいます。「両親がそろっている方が子どもの成長に良い」とよく言われますが、これもアンコンシャス・バイアスの一つだと私は思っています。

仲が悪くてケンカばかりしたり、暴力をふるわれたり、モラハラのようにどちらかが相手を馬鹿にしていたりするような両親に育てられるよりは、むしろ離婚したシングルマザーやシングルファザーに責任を持って育てられた子どもの方が、よっぽどしっかり育っています。離婚する夫婦は年々増えているので、離婚に対する世間の目は、昔よりだいぶアンコンシャス・バイアスがなくなってきたのではないでしょうか。

しかしその一方で、離婚後、非正規雇用やパートを掛け持ちして家計を支えるシングルマザーの家庭など、子どもの貧困も生んでいます。これは、男性たちの子どもに対する責任意識が希薄になってきていることが一因です。すなわち、

「自分は離婚したから子育てに責任を持たなくて良い」「子どもを育てるのは母親の責任で、自分には責任がない」と思っているのです。これも前の世代である自分の父親から受け継がれた思い込みが大きく影響しているのでしょう。

また、シングルマザーやシングルファザー自身が「シングルだと子どもがかわいそう」という思い込みをしてしまうこともあります。子どもへの申し訳なさから、このような発想になるのかもしれません。しかし、子どもは親が思っている以上に親の事情をわかっています。シングルをマイナスにとらえるのではなく、「今はこれで十分だ」と自信を持つことが、子どもの成長にとってもプラスに働くのではないでしょうか。

子どもの教育に潜む思い込み

子どもの教育に関連した男女の性別に対する思い込みは、まだまだ多くあります。

今では随分変わってきましたが、「赤い色は女の子、青い色は男の子」といった、色に関するアンコンシャス・バイアス。また、「女子は制服のスカートを必ず着用しなければならない」など、服装に関するアンコンシャス・バイアス。

近年の異常気象の影響もあって男性も日傘をさしたり、日焼け止めを塗ったり、さらにはお化粧をしたりする時代になりましたが、それに対して嫌悪感を持つ人もまだまだ少なくありません。

また、第2章で少しお話ししましたがグローバル化が進んだことでの思い込みも多くなった印象があります。

例えば、「子どもが海外に留学すればひとりでにバイリンガルになる」「帰国子女はみんな英語が話せる」。これらもアンコンシャス・バイアスです。英語圏で過ごした子どもたちは、日本語も英語も本気で取り組まなければ、バイリンガルにはなりません。日本語も英語も会話はできるけれど、書けない、読めない子もいます。帰国子女でも、非英語圏で過ごした子もいます。

それなのに、日本に帰国すると「帰国子女だから英語もペラペラなんだよね」と言われ、あるいは「日本人の顔をしているのに、日本語も書けないの」というような二重三重のアンコンシャス・バイアスに苦しむお子さんもいます。

親であれば、「子どもに海外経験をさせたい」「グローバルな視点を持ってほしい」という思いもあるのでしょう。しかし、その背景にある現実をしっかり見据え、きちんと努力するよう、気を付けたいものです。

また、親がアンコンシャス・バイアスに陥らないためには「子どもから今の学校や職場はどんな状況なのか、話を聞く」ことも大切だと思います。今を生きる子どもたちは、これから時代をつくっていくひとりです。学校で、あるいは会社ではどんなルールや研修があるのか。どんな考え方を持った人たちと一緒にいるのか。時にはそうやって子どもの目線に立つことで、新たな発見や驚きがたくさん見つかるはずです。

高齢の親と子どもの間で起こる介護に関する思いの差

子どもが成長し、親も年齢を重ねれば、親子の関係にも変化が起こります。今は、長男は結婚したら親と同居が当たり前、といった考え方は少なくなりましたが、それでも「親の介護が必要になったら、自分が全部責任を持たなければならない」「他人に世話をさせるわけにはいかない」。あるいは、「一人娘だから自分が面倒を見なければならない」といった思い込みに縛られ、親との関係で苦しんでいる方も多いのではないでしょうか。

そういった方にまず言いたいのは、介護施設やヘルパーなど、専門家による介護のサービスを受けるのは決して悪いことではないということです。そして、自分が介護のすべてを抱え込むことだけが親孝行ではないということです。

例えば頻繁に電話をする、メールを送る、ＬＩＮＥでトークするといった形で親とつながっていく、新しい親孝行のやり方も今はあるのです。

「自分の人生を犠牲にしても親の世話を必ずしなければならない」という思い込みは、子どもも親も不幸にします。親の介護において大事なのは、適切な介護サービスを上手にマネジメントすることです。「高齢だから、親だから、他人に介護してもらうのは親不孝だ」、そう思い込むことは、アンコンシャス・バイアスの始まりです。

もしこれが子どもなら幼稚園や保育所に預けたり、習い事に行かせたり、いろいろなサービスをうまくマネジメントして子育てを進めていきます。それと同じように、介護が必要となった親に対しても、親の状態に合わせてサービスを選び、提供すれば良いのです。

「大事にして、愛して、支えなくては」といった思いが根本にあることは、子育てと親の介護で変わりはありません。しかし、それをすべて自分で引き受けてしまうと限界がきてしまい、燃えつきて「もう親には早く死んでほしい」といった、精神的につらい方向に行ったり、虐待に走る可能性もあります。それでは親も子どももお互い不幸になってしまいます。子どもが自分のためにそういった状態になることは、親も望んではいないはずです。子どもの幸福が親の幸せなのです。

とはいえ、親側がアンコンシャス・バイアスにとらわれている場合もあります。すなわち「親孝行な子なら、自分の世話を最後までとことんやってくれるはずだ」という思い込みです。さらには施設に入るのを「子どもから見捨てられて施設に入れられた」と思う親もいるでしょう。

しかし、そういった親子間のアンコンシャス・バイアスは変えていく時期に入っています。現在は昔と比べて親子を取り巻く環境が大きく変わっているからです。子どもが多数いたり、無職のお嫁さんが介護をしてくれたり、といった社会ではありませんし、ましてや少子化で、子どもがいても1～2人。

もしその子どもが結婚していた場合、パートナーである妻や夫だってそれぞれの事情で忙しく、義父や義母のケアをするのは難しい。また離れて住んでいるからなかなか介護できる距離ではない、という親子も多いでしょう。だからこそ、「昔の家族形態とは違う」ということを親側もしっかり認識する必要があります。

では、お互いがつらくならないために、どうすれば良いのでしょうか。その一番の解決策は、親と「介護を必要とする時になったらどうするか」という話を日頃からしておくことです。もし兄弟姉妹がいたら、一緒に親の介護について話し合っておくのもいいでしょう。なかなかそういう話をする機会がないかもしれませんが、いざ介護が必要になってから「こんなことを期待されても無理だよ」という事態にならないよう、親の思い、子どもの思いをお互いが知っておくことが大切です。

「あそこのおばあさんはとても良い施設に入って、娘さんが毎日訪問してきて、とても幸せそうだよ」など、そういった情報をメールや電話で共有するだけでも、親が将来のことをどう考えているのか聞き出せるかもしれません。そして親側も、「子どもに依存せず、自立した生き方を自分で選ぶ」という気持ちをきちんと持つことが大事です。

男女の両方が持つジェンダー・バイアス

ジェンダー・バイアスとはいわゆる「男らしさ」「女らしさ」に代表されるような性別による思い込みです。例えば、「男性は無口な方が素敵」「女性はよく気がついて、こまめに世話する女子力が必要」といったものがそれにあたるでしょう。

といっても、こういったジェンダー・バイアスは、今、消滅する方向で過渡期を迎えていると思うのですが、それでもやはり「プレゼントを贈ってくれたり、ごちそうしたりしてくれる男性の方が魅力的」と思う女性は存在します。逆に

「男女平等だから」と言って食事を割り勘にする男性、特に若い男性が増えています。だからたまに、「パパ活」などと称してお金のある中年男性と付き合う若い女性もいるのでしょう。

確かにパパ活の対象になる中年男性は、デートはいつも割り勘でファミリーレストランにしか行けないような同級生の男性よりは、よっぽど金回りは良いかもしれません。しかし男性側は、単に相手の女性のことは、遊び相手としか考えていないはずです。

私は、このジェンダー・バイアスの過渡期に、まだ男性の経済力に対して幻想を持っていて、それを逆手にとる悪い男性に引っかかる若い女性が多くいることに心を痛めています。

そもそも、「男性が女性にごちそうして当たり前」という背景を考えてみると、これはやはり高度経済成長時代の初頭頃から広まったのではないかと思います。

理由としては、女性が働いていないために自分のお金を持っていない、あるいは働いていたとしても賃金がとても安かったからです。外食の機会が増えても、女性はお金がないわけですから、当然男性が出すことになったわけです。

その後、バブルの時期はアッシーくん、メッシーくんなど、男性から貢がれるのがモテる、魅力的な女性の証といった風潮もありました。あれも私は間違ったアンコンシャス・バイアスだったと思っています。現代でもそういうバイアスにとらわれている女性も一定数いるのです。

「そうは言っても、稼げない女性は男性に頼って生きていくしかない」という考え方をしている人もいます。しかし、私はそういった女性は、実は働けるのに働こうという努力をしていないような気がしてなりません。

こういう女性によくあるのが「私はいくら頑張ったって女だから大して成功できない」という思い込みです。それよりも稼ぐ男性、成功した男性、あるいはその可能性のある男性を捕まえて結婚する方が自分もハッピーになれるという、非常に甘い思い込みを持っていることが多いのです。

そう思う要因の一つに、女性側の「自信の無さ」が影響していると思います。今の日本の社会では、自信がない女性をかわいいと思う男性が多くて、自信のある女性を嫌う男性が多いと思われています。そのため、本当に賢い女性は、相手を安心させるために少しおばかさんなフリをする。でもその裏で、実際は相手をしっかりコントロールしているのです。いわゆる「良妻」にもそういうイメージが存在しています。

良い奥さんというのは、夫と対等にふるまうのではなく、相手を立てながら上手に夫を乗せて操縦する賢い女性。それが良いと男性自身もまた、思い込んでいるわけです。

恋人同士はもちろん夫婦間でも、普通に対等に付き合えばよいはずです。しかし、女性からおだててもらい、ほめてもらわないと不愉快で居心地が悪くなる男性が、この日本ではまだ多くいます。正論としてはこの慣習は止めるべきですが、すぐになくすのはとても難しいことです。「それならその慣習に乗っかった方が得だし楽だ」と考える女性も多いので、この考え方が次々と若い世代でも再生産されてしまうのです。

日本の「ジェンダー・ギャップ指数」は、世界146カ国中116位。ここまでの順位になってしまったのはなぜなのだろう、と考えた時に私たち女性が波風を立てず、男性を立てるという構図を変えようとしなかったことが大きな要因でないかと感じています。「流れを変えるために闘うのは大変だし、自分にはその力がない」と思ってしまったのです。

しかし、「本当は言いたいことがあっても、面と向かっては何も言わず我慢する、それが賢い女性である」といった思い込みがこの先、何とか変わり、「言いたいことを上手に伝える」女性が増えてほしいものです。

恋愛は異性同士でするという思い込み

恋愛は「異性同士の間に生まれる感情」というアンコンシャス・バイアスがあります。しかし、このあたりの考え方はＬＧＢＴＱの認知が進み、だいぶ意識が変わってきたように思います。

日本の人口におけるＬＧＢＴＱの方の割合は１～２割と言われていますが、歴史的にいうと、日本は平安時代から寺院内や、貴族の間で同性愛のような「男性同士の恋愛」は盛んでした。

逆に言えば、日本では昔からそういうことが受け入れられていたので、特に問題視されてこなかったわけですが、一方キリスト教はそれをとても厳しく禁止していました。そのため、キリスト教を信仰するヨーロッパやアメリカなどの国々では同性愛者に対する差別がとても大きかったのです。アメリカでＬＧＢＴＱの差別に対する反対運動が盛んなのは、このような背景があります。ＬＧＢＴＱ運動は長年の差別に対する反動と言ってもいいでしょう。

こういったＬＧＢＴＱや性の多様性といったことが日本でも叫ばれているわけですが、私から言わせれば、「何を今さら言っているのよ。歌舞伎や宝塚を見てごらんなさい」という感じです。

歌舞伎は諸説ありますが、もともとは出雲の阿国という女性が河原で芸を披露することで始まったものです。しかし「女性が人前で演じるのは風紀を乱す」ということで、江戸幕府が男性ならば許可すると、以後男性の役者が男女のどちらの役も演じることで現代まで続いています。さらに演目にも、ぼやかしてはいますが男性同士の恋愛に近いものを描いた作品もあります。現代でもＬＧＢＴＱのタレントが活躍しています。

いずれにしてもＬＧＢＴＱの問題に関して言えば、日本はアメリカに比べて自由度が高かったと言えるでしょう。恋愛や性差に関するアンコンシャス・バイアスは、今後もどんどん変わっていくと思います。もちろん、差別をしたり不利益を与えたりすることはやめていかないといけませんが、これからの時代、「異性間の恋愛」をしない人も、無理に隠さなくてもよくなってくるのではないかと私は思っています。

時代によって変わる出会いの方法や結婚観

「大人になったら結婚するのが当たり前」というのも古い時代からの思い込みのように思われていますが、実は、結婚しない人は昔から全体の人口の1割以上いたことがわかっています。特に貧しい農村地帯などでは、長男はお嫁さんをもらえても、次男以下は分家するほどの経済力がないため、独身で親や兄と同居して世話になる、あるいは出稼ぎに出る、といったケースも少なくありませんでした。

つまり、結婚ができるのは恵まれた人だけ。このような背景から、江戸時代は日本の人口が増えなかったのです。「間引き」をしたといったことよりも、まず、次男以下は結婚すらできなかったという貧困があるのです。そうした歴史があるのに、なぜ今の日本では「結婚するのが当たり前」というバイアスが浸透しているかというと、それは高度経済成長時代に大抵の男性が結婚できるようになったからです。この時に根付いた「大人になったら結婚するのは当たり前」という価値観が、今の日本の常識となっているわけなのです。

今や、そんな常識も変わりつつありますが、私はこうした常識を当たり前だと思ってしまう背景には、教養や歴史に関する日本国民の勉強不足があると考えています。ＬＧＢＴＱや結婚や女性の姓に関しても、歴史を勉強すれば理由や経緯がわかるはずです。

女性が働くことも、歴史的にみれば昔の女性たちは農業や商工業などに従事し、ほとんどが働いていました。いわゆる専業主婦でいることができたのは、ほんの一握りの裕福な女性だけでした。短絡的で断片的な情報で、昔からの伝統だと思ってしまうのはいかがなものかと思ってしまいます。

他にも、結婚観に関連してアンコンシャス・バイアスだなと感じるのが「恋愛結婚の方が幸せになれて、お見合い結婚はモテない人がするもの」という考えです。恋愛だろうがお見合いだろうが、その先の幸せは結婚後、作り上げていくものです。しかし、そういった勝手な思い込みがあることで、お見合いに二の足を踏んでしまうのはもったいないとも感じます。

さらに、昨今では相手を紹介してくれる人が減っており、テクノロジーを活用してマッチングアプリで結婚する人も少なくないと聞きます。しかし、「マッチングアプリは出会い系と同じだと思われる」「自分に出会いがなかったというのを知られたくない」という理由で、友人や家族にアプリを活用していることを話さない若い世代もいるといいます。

親世代の時代にはネットも携帯もなかったわけですから、「インターネットで付き合って結婚するなんて怪しい」「まず現実に会わないで付き合うなんてうまくいくはずがない」というアンコンシャス・バイアスに陥ってしまうのでしょう。

しかし、時代は変わり、ＳＮＳなどでやりとりをするのはもはや当たり前の世の中になりました。その延長線上で、ＳＮＳを活用して、結婚を考えるようなパートナーと出会うことができても、何らおかしいことではありません。

結婚観や結婚を取り巻く環境も、時代によって移り行くものです。「こういう出会い方が正解」なんていうものはありません。柔軟にとらえていきたいものです。

友人同士の付き合いにもある思い込み

日本では、女性の友人同士で旅行したり、出かけたりすることも多く、ママ友や学生の時の友達など、同性同士のさまざまなコミュニティがあります。しかし、このことをアメリカの女性たちに話すと「本当にうらやましい」と言われます。アメリカでは、旅行やパーティといえば、夫婦単位で行動するのが当たり前。日本のように女性の友人同士で出かける機会は以前よりは増えていますが、まだ少ないのが現実です。

私が日本人の女性の友人同士のつながりの強さを知ったのが、100日間かけて世界一周をする船の旅「ピースボート」に乗船した時のことでした。欧米でクルーズ船に乗るのは夫婦単位ですが、日本人は違います。

私は講演の機会をオファーされて、短期間だけピースボートに乗ったのですが、乗船前は、ピースボートは「自分探しの若者のための航海」というイメージを持っていました。

しかし、実際乗船してみると、乗客のほとんどが60代、70代の女性だったのです。もちろんひとりで参加している男性、夫婦で乗船されている方もいましたが、圧倒的に女性が多い。退職前は学校教諭や看護師、公務員といった安定した仕事をしてきていて、経済的にも自立した女性たちでした。

活き活きと活動している女性同士の姿。「これは自立している日本の女性たちの象徴だ」と、その時私は思いました。

日本の女性は不自由が多くて、アメリカの女性は自由が多いといったイメージを持ちがちですが、どちらの国もそれぞれ良いところ、悪いところがあるのです。

今では、老後を友人同士で暮らすシェアハウスや、一緒のお墓に入る「墓友」など、「家族が第一で友人との付き合いはその次」という感覚が随分と緩和されていると感じます。友人付き合いのアンコンシャス・バイアスにとらわれることなく、自由な発想でよりよい人生を送る選択肢が増えてきたと感じています。

先の見えない中で生まれたコロナ禍のアンコンシャス・バイアス

さて、2020年以降、世界はコロナ禍に見舞われました。それは2022年秋の今も続いています。そこで、このコロナ禍で生まれたアンコンシャス・バイアスについても触れておきたいと思います。

みなさんもコロナ禍において「想定外のことが起こると、多くの人は偏見やアンコンシャス・バイアスにとらわれがちになる」ということを認識したり、実感したりしたのではないでしょうか。

特に新型コロナウイルスが流行し始めた頃、地方では「東京からの車はコロナを運んでくる」といった、とんでもない偏見もあり、東京都内のナンバーの車が傷つけられることもありました。

また、全国的に蔓延が広がると、今度は感染者の少ない地域で「誰が第1号の感染者になるか……」と怯えたり、「万が一、感染したら近所から袋叩きにあうから、東京から実家には帰ってくるな」と親に言われた人も少なくありませんでした。

特に、長いこと感染者がゼロだった地方などは、毎日のように感染者が大勢出る東京に比べて、新型コロナが流行する状況に慣れていないために、どうしても感情的になってアンコンシャス・バイアスに動かされやすくなってしまったのだと思います。

確かに流行初期の頃は、何が正しい行動かわからないため、たまたま自分が仕入れた情報だけが正しいと思ってしまう人が多くいました。高齢者施設に入所している親のところに面会に行ってはいけないと規制や自粛をしたため、親の要介護度が進行したケースもありました。

友人との会食でも、「マスクをしても怖い」という人がいる一方で、「少人数ならOKの人」、飲食を伴ったイベントに参加することを気にしない人もいるなど、個々で見解がまったく違うという現状があります。

今でも、屋外でマスクをつけていないと肩身が狭いという人が多く、マスクを外した素顔をさらすのが恥ずかしいという人も増えています。


このことからも、コロナ禍での対応は、個人の価値観がにじみ出るものとなりました。新型コロナへの正しい知識を得ると共に、人それぞれ違うということを認識すること、それと同時に繰り返しになりますが「いろいろなことを経験する」「知る」「気がつく」ということが何より大切です。

「知る」という時に注意しなければならないのは、つい自分が共感する情報ばかり集めてしまうことです。SNSなどでは反対の立場の意見は排除され、同じ傾向の情報ばかり得ることになります。そうすると「知る」という行為が結果的に自分のアンコンシャス・バイアスを強化することにつながってしまいます。

私が恐れているのは、コロナ禍でそういったアンコンシャス・バイアスが知らず知らずのうちに増大してしまうことです。コロナ禍では特に人との交流も制限されています。だからこそ、私たちひとりひとりがアンコンシャス・バイアスにとらわれないよう、特に意識しなければなりません。

今後は、インフルエンザと同程度の扱いになることで、今のような厳しい濃厚接触者の隔離や海外渡航制限はなくなるでしょう。その時に「それでも新型コロナは怖い」と、アンコンシャス・バイアスがかかったままでは、生活や仕事に支障がでてきます。ひとりひとりが国や医療機関が出すデータなどをしっかり見て、情報に踊らされることがないように適切に判断する、その力がいっそう求められていくと私は思います。

第4章

「思い込み」にとらわれない生き方とは

第1章でもお話ししたように、多かれ少なかれ、誰しもが持っているのがアンコンシャス・バイアスです。無意識の中で起こってしまうことは直せないと思われるかもしれませんが、実は普段の意識や行動を少し変えていくことでアンコンシャス・バイアスを減らしたり、防いだりできる場合があります。

第4章では、アンコンシャス・バイアスから少し解放される方法をご紹介していきます。

経験を増やすことで視野を広げる

1つ目が「経験を増やすこと」です。

アンコンシャス・バイアスに陥る多くの原因は「経験が少ない」、すなわち自身の視野が狭いことにあります。例えば、一つの職場でしか働いた経験がない人は、自分が属している会社内で当たり前とされている常識、ルール、マナーが社会すべてに通じると思い込んでしまいがちです。

そのような方が、「分野の違う会社や集団に入る」という経験をしてみると、「前の会社ではこういう常識だったけど、この会社では違うんだ」と、相対化することができるでしょう。

私も公務員から大学教員になって、最初は戸惑いました。が、それぞれ別のルールがあることを認識して許容範囲が広がりました。

「経験を増やす」ということはアンコンシャス・バイアスを弱めるのにとても大事なことです。かといって、何度も転職をしたり、離婚や再婚をするわけにもいきません。

おすすめの一つは、職場や家庭とは別の世界に飛び込んでみることで実現できます。それが今「サード・プレイス」と呼ばれ、第3の空間と言われるような世界です。

前にもお話ししましたが、私は、「ワーク・ライフ・バランス」という言葉が嫌いです。その理由は、人間が生活するのは職場（＝ワーク）と家庭（＝ライフ）だけではなく、他にも世界があると思うからです。職場か、家庭か、と限定して生きる必要はありません。

サード・プレイスとは、自分自身の別な面を表現できるような空間、といってもいいかもしれません。仕事や家事、育児などとは別のコミュニティの一員になったり、自分とは別の世界で生きている人と友達になったりできる、サード・プレイスとはそんな場所です。

本気で取り組める趣味があれば、それに打ち込める場に身を置くのも良いことだと思います。座禅を組む、道場に入るなど日常生活と離れた時間、空間を持つのも心を自由にします。科学や哲学、文学、宗教など日常と離れた世界での活動を大事にしている人もいます。

とにかく、いつもの自分とは違った考え方や常識に触れること。そうすることで自分の世界や視野をグッと広げることができるからです。

あるいは、もし時間的にも経済的にも余裕があるのなら、思い切って留学をしたり大学院に入ったりして環境をがらっと変える、というのもおすすめです。日本の大学・大学院でも社会人の受け入れを増やしています。ぜひチャレンジしてみましょう。世代、職業の違う人と共に勉強するのは自分の「思い込み」を変えてくれます。

会社員の中には、MBA取得のために海外で勉強をするという方もいますが、とてもいいことだと思います。

また「二拠点生活」として他の環境に身を置くことも良い経験となるはずです。二拠点生活とは、平日は仕事のために都市部で生活し、週末は郊外や地方で過ごすという、2つの住まいを持つ生き方です。コロナ禍でリモートワークが普及したので、今後も増加が予想されます。住まいを変えることで、そこで新たな人と出会い、コミュニケーションが生まれる。その経験がまた自分の思い込みを外す役割になってくれることでしょう。

一方、経験の中にはあえて自分を厳しい環境に置くことも含まれます。例えば、困難な資格試験等に取り組む、マラソン競技の大会に出るなど、何か一つの目標に取り組むことも大きな経験となります。

経験を積む、というのはそれがどんなにつらいものでも結果的にプラスに働きます。生きていると、人間は予想もしない「どん底」に叩き落されることがあります。そこから這い上がる時、人は今までの価値観や経験が通用しないことに気付き、そこから自分の価値観が変わり、行動を変えようと努力します。そういった経験があればあるほど、現実に対する認識が深まり、引き出しが多くなるため、困難を乗り越える力が身につきます。

経験することが行動や思考を変えます。「これまで特段つらい経験をしてこなかった」という場合、そのことを自覚して自ら違う環境に飛び出していくことは、アンコンシャス・バイアスを外すだけではなく、結果として自分自身の人間としてのレパートリーを増やすことにつながります。怖がらずに勇気を持って進んでみてほしいと思います。

本を読むことで別の世界を知る

2つ目は「本を読む」ことです。

経験を増やすことに比べるとインパクトは少し弱くなりますが、本を読むことも有効です。なぜなら、「他者との違い」や「文化の違い」など、さまざまな「違い」を知ることができるからです。本を読むことは、直接会うことのできない著者との対話ともいえます。

例えば、私は、ストーリー性豊かな文学作品や歴史書が面白くて好きなのですが、科学書や経営学の本を読むこともあります。そうやってジャンルの違う本を読むことで、自分とは異なる考え方、新しい思考、新しい世界に触れ、「自分とは違うけれど、こういう感じ方や見方、考え方もあるのか」と気付くことができます。

世の中にいる人たち、みながみな、同じような考えを持っているわけではありません。こうした「違い」を知識としてでも知っているか、知らないかでは意識が変わってくると思います。

とはいえ、どうしても自分で本を選ぶとなると、分野が偏ってしまいます。まして やネットで本を選ぶとなると、次々と同じ傾向の本がすすめられ、新しい分野の本に触れる機会が少なくなってしまいます。

そこで私がおすすめしたいのは、「図書館へ行く」ことと「書店で本を選ぶ」ということです。この2つに共通していることは「自分以外の他者の視点が入っている場所である」ということです。

図書館であれば一般に流通していないような資料から、その地域の郷土史、さらには児童文学まであ りとあらゆる本が揃っています。図書館は小さな子どもや学生さんが利用する場所、と思っているかもしれませんが、まさに「知の宝庫」。

これを利用しない手はありません。

また、書店で本を選ぶのもおすすめです。書店では当然ながら自分の興味ある分野以外の本も多く陳列されています。

立ち読みをしたりして偶然出会った本もまた、自分の視野を広げる手助けになるでしょう。

また、その他にも本と出会う場面はたくさんあります。例えば、家族や友人に「今、何の本を読んでるの？」とか「おすすめの本を教えて」と聞くことです。

私が子どもの頃は、親の本棚から本を選んでは、読みふけることもありました。それを子どもにあてはめても、面白い発見があるかもしれませんね。一大ブームになった漫画『鬼滅の刃』も最初は子どもが読んでいて、次第に親の方がハマってしまった、なんてエピソードもよく耳にします。本を介して友人や子どもと会話が広がることは、同時に自分の世界を広げることにもなります。

もちろん、本の種類によっては、難解なジャンルやどうしても理解できない世界もあるでしょう。また、翻訳本などを読む場合は日本語表現が独特だったり難しかったりして、読み進められないこともあると思います。その場合、無理に深く入り込んで理解する必要はありません。ご自身があまり共感できないようなものは、ざっと読み飛ばすくらいでも大丈夫です。それでも、まったくの食わず嫌いで読まないでいるよりは良いと思います。積極的にジャンルの違う本を読んでみると世界が広がります。

残念ながら今の若い世代は、本を読まなくなっているといいます。読書をするのと同じくらい、いえ、それ以上の情報をネットから収集して、知ったつもりでいるのかもしれません。

しかし、ネットからの情報は短く単発的です。ＡＩのアルゴリズムが選び出した情報は「あなたの好きな」分野に集中しがちです。ネットは「自分の見たい、知りたい情報だけ見る」、そんなアンコンシャス・バイアスにとらわれやすい世界なのです。

その点、本は総じて、自分の知らない知識が多く含まれています。積極的に本を読み、知見を広げてほしいと思います。

好き嫌いで決めつけず「やわらかい知性」で受け入れる

3つ目は「決めつけない」ということです。

人は、物事を無意識に好き嫌いで判断して決めつけてしまっていることが多いのです。特に、自分が嫌いだと思っているものは、どうしても興味が持てないために切り捨ててしまう。アンコンシャス・バイアスを弱くするには、その習慣を見直すことがとても重要です。

難しいことですが、嫌いなものでも完全にシャットアウトせず、視界に少し入れるくらいには、やわらかい関心を持ってみましょう、ということです。

例えば歌手で俳優、演出家など、幅広いご活躍をされている美輪明宏さんは、若い時は中性的な雰囲気をまとっていました。男性でありながらもばっちりと化粧をするなど、個性的かつ同性愛者だったので、良く思わない人もいました。

しかし、今はどうでしょう。個性あふれる身なりと醸し出す雰囲気でカリスマ的な存在になっています。美輪明宏さんの言葉に深く共鳴する方も多いのではないでしょうか。

有名な作家のひとりである、瀬戸内寂聴さんもそうでしょう。出家する前、瀬戸内晴美さんの頃には多くの恋愛をされ、波乱万丈な人生でメディアからはたたかれることもありました。

しかし、出家され、寂聴さんになってからは国民的スターになり、人々の悩み、苦しみを救う存在となっていきました。

このように、前に嫌いだな、苦手だなと思っていた人であっても、その人自身も時代も変わります。そうなることは何ら不思議なことではありません。

だいたい、この世の中で常に変わらないものはないのです。仏教でいう無常です。そう思えば、物事の変化をやわらかに受け入れることが大事なのではないでしょうか。

思考の柔軟性を持つためには、普段から少し訓練が必要です。これまでに挙げたように異なる経験をすること、本を読むことも言ってみれば自分の考え方を凝り固まらせないための訓練です。

貪瞋痴《とんじんち》、つまりむさぼることや無知や怒りをなくすことが大事だと仏教は教えています。仏教の解脱《げだつ》というのはこうした「思い込み」から解放されることですが、このことはアンコンシャス・バイアスの解放にもつながっていきます。

自分とは別の考えや感じ方に日常的に触れておくことで「私とは違うけれど、そういう考え方もあるんだ。なるほどね」と受け入れられる力が身についてくるはずです。「蓼《たで》食う虫も好き好き」なんて昔の人はよく言ったものです。人の好みや考えはそれぞれが違っているのです。

ちなみに、自分の価値観に固執することなく、他者の考え方や価値観を受け入れる。そんな心のあり方を、私は「やわらかい知性」と呼んでいます。詳しくは、拙著『やわらかい知性』を読んでいただければと思いますが、世の中には鋭い知性で生きている方が多いので、こういったしなやかさも持ち合わせていることが大切なのです。

アンコンシャス・バイアスを外したいのであれば、ぜひ自分の嫌いなもの、自分と違うものでも、しなやかに受け入れる「やわらかい知性」を心がけてみてください。

常識の2面性を学ぶことで誤った常識にまどわされない

4つ目は「常識の2面性」を学ぶことです。

ひとくちに常識といっても、いろいろな常識があります。敬語や挨拶などのマナー、社会で生活するための基礎的な知識、専門家の常識、その企業の内で通用する常識など、いろいろなレベルがあります。すべての常識に従う必要はありませんが、そういった常識を知ることは大事です。

3つ目で「変わらないものはない」と言いましたが、例えば、「人を傷つけるようなこと」「殺すこと」「人に嘘をつくこと」は、人として、してはならない不変のルールです。時代が変わっても、人間生活を営んでいくために守っていくべき掟です。

一方で、常識には流行の部分もあります。これは、時代や人の変化に合わせてどんどん変わっていく常識です。

実は、常識の中で不易の部分はとても小さくて、大半を占めるのは流行の部分です。私は、そんな流行の常識を不易の常識であると思い込んでしまうところに、無意識の偏見、つまりアンコンシャス・バイアスが生じるのではないかと思っています。

１９８０年代の日本を思い返してみると、「不動産価格は必ずどんどん値上がりする」という、いわゆる「土地神話」が浸透していました。「手遅れにならないうちにローンで不動産を買わないと、一生自分の家を持てなくなる」という当時の常識にとらわれて、多くの人が次々にローンを組んだのです。その時に「待てよ」と立ち止まる人はあまりいませんでした。みんながやっていることだから自分もやらなくては、という集団心理で、世の中の常識を疑う目が持てなくなってしまっていたのです。

また、「24歳までに結婚しなくちゃ条件が悪くなる」「若くないと結婚できなくなる」「妻子を養える収入がないと男として結婚する資格がない」といった常識も少し前の世の中ではまかり通っていましたし、前述した「子育ては母親がするもので父親は口を出すべきでない」といった常識も、専業主婦が多い時代に定着しました。

最近では女性の医学部受験での差別問題も記憶に新しいエピソードです。これも、医療現場に女性が増えると途中で辞めてしまって人手不足になる、外科や救急などに属することを選ばない女性が多くて人手不足になる、だから男性を確保しなければということが常識として横行していたのです。

このような「流行の常識」は少し冷静になって考えてみると、明らかに思い込みによるものだなとわかるものがほとんどです。

その時代には常識として扱われ、いかにももっともらしく謳われていることも、根拠が薄弱なことは多いのです。特に女性の出産や育児に関する問題は、おそらく会社の経営サイドで女性を安い給料で使いたい、という意図もあったと思います。「育児休業で休む女性は使いにくい」「女性に長く勤続されると困る」という本音もあったでしょう。「常識だ」と思わせることで上手に女性を排除してきたのです。

いずれにしても、時代や限られたフィールドの中で生まれた常識で生きてきた人はそうしたことがあたかも不易の常識であるように思い込んでしまいがちです。

では、今の常識が本当に正しいかどうか見分けるにはどうしたらよいのでしょうか。その一番の解決策は、「時々、自分の置かれている現状について、別の視点はないか、と考えてみること」です。一度立ち止まって考えてみる時間を持たないと、そうした流行の常識をすべて受け入れて流されかねません。自分の意見を親しい友人に口に出して言ってみてもよいでしょう。「人は違う考えなんだ」と発見することもあります。

私が、学生たちにいつも言っているのは「言われたことを言われた通りにするだけの女性になるな」ということです。

私はアンコンシャス・バイアスに陥ってしまうのは、「人から言われたことをそのまま受け取ってしまう」、真面目な人に多いと思っています。これは、素直でよい態度のように思えますが、逆に言えば自分の思考を持たず、ただ人の意見に流されてしまうことになります。

一世代前の女子教育の専門家は「言われたことをきちんとできる女性になりましょう」と言っていました。それは当時、文句ばかり言ったり、能力が低かったり、反抗心が強かったりして、言われたことをやれないでいる女性が使いにくい時代だったからです。

その当時は、言われたことを素直に「はい」と言ってきちんとできる女性が好かれるというのが、常識でした。

しかし、今となっては、言われたことを言われた通りにするのならばロボットや、AIの方がよっぽど上手にできる時代になりました。常識というのは、変わりゆく2面性があるのです。当然、世の中も人も技術も常に変化し続けています。人間ができることは何だろうかと自分で考えて、「こっちの方が良いかな?」「これで大丈夫かな?」と疑ったり、迷ったりしながら、新しい課題を考える力を持つのが、これからの時代には求められる能力です。

一つの事柄に対して、自分とは違った考え方や自分が持っていない情報もたくさんあるということを、心の片隅に留めておくべきだと思います。

さまざまな情報源を持ち多種多様な情報に触れる

5つ目は、「さまざまな情報源を持つ」ことです。

現代の情報化社会において、一つのパイプだけで、すべての情報をカバーするのは非常に難しくなっています。情報収集の手段の中心となっているスマホやPCの検索サイトでは、情報を収集することができますが、単に検索だけしているのでは自分が興味を持っている情報しか出てきません。

これはとても怖いことです。

収集する情報にすでにバイアスがかかっている状態だからです。インターネット空間の中だけに住んでしまうと、自分の嫌いな情報はシャットアウトしているので一切入ってきません。そうなると、自分の好き嫌いの感覚だけで無意識に物事を決めつけてしまう。まさに3つ目でお伝えした例になってしまいます。

また現代では、テレビを見る時間が少なくなり「見たい番組だけを見る」ようになっています。いわば自分が無駄だ、余計だと思う情報は得ようとしなくなってしまいました。

こういった人は、「自分が賛同できる情報だけを信じ、嫌いな情報はフェイクだ」と決めつけてしまいがちです。また、自分と同意見の人ばかりと話をしていると、あたかも「自分の考えていることが世間の常識なんだ」と疑いもしなくなります。

これは、好きなこと、興味の対象だけにどんどん深入りして狭い世界に入ることでも起こり得ます。例えば「まだ知らないけれど、自分が興味を持つかもしれない情報」「知ったら面白いと思う情報」すらも入ってこなくなります。これは少しもったいないことです。私たちは今、誰もがそういった状況に陥る可能性があります。

では、このような思い込みに陥らないためにはどうすれば良いのでしょうか。その解決策の一つが、「さまざまな情報源を持つこと」です。特に、ネット以外の情報源を持つことです。

ネットの情報は、「自分はこう考えている」「どうやらこういうことらしい」といった個人のつぶやき的な情報が加わったものも多いので、なおやっかいです。つまり単なる個人の感想が、あたかも情報としてどんどん広まっていってしまう可能性があるからです。

新聞や本に載る情報は、事実確認などが行われるのが一般的ですが、インターネットの情報は真偽を誰もチェックしないまま、世の中に出ることが少なくありません。そのため、その情報が本当のものなのか、デマなのかわからないままに拡大してしまう恐れがあります。

つまり、注意したいのは、断片的な情報で物事を判断しがちになることです。

特にインターネットでは、何かの情報のどこか一部分だけを切り取って、非常に短絡的な情報が発信されているのです。

単純に結果だけを示しているため、一見わかりやすく思うかもしれませんが、「こうだからこうなる」という結果に至るまでのプロセスが欠けているため、どうしてこの結果になったのかわからず、断片的な情報だけで後は各々が勝手に推測してしまう恐れがあります。

そもそも一つの物事は、さまざまで複雑な影響の結果で起こっていることが多いのに、そのプロセスがない。そのため、情報を見た人は、切り取られた結果だけを信じてしまうのです。

ではなぜこんなことが起こるのでしょうか。

それはあまりに膨大で処理しきれないほどの情報が生産され、流通しているためです。今はネットの世界で毎日、いえ毎秒ごとに新たな情報が更新され続ける時代です。当然私たちはその膨大な情報を少しでも手早く処理しようと、わかりやすい結果だけを求めがちになってしまっているのです。「なぜこうなったのか」を考えないで、無駄なエネルギーはできるだけ省いて結果を求めているのです。

検索ツールも、ダイレクトに自分の欲しい情報だけを早く取りにいこうとするスタイルが主流になってしまったのです。

しかし実は余計だ、無駄だと思っていた中には、自分の新たな興味を惹かれるものがあったりします。

2つ目の「方法」でも述べましたが、書店は自分の世界や視野を広げてくれる場所です。本当に欲しかった本とは別に、「これも面白いかな?」とついでに買った本が、実はとても良かった、今まで知らなかった新しい知見を得られたという経験は、多くの方が持っていると思います。

このように、自分は無駄だと思っている情報や、自分の興味の有無に関わらない情報がたくさんある場所に行くと、世界が広がります。ネットの世界だけでなく、実際に書店へ足を運んでみたり、もっと本や新聞を読んだりして、情報を複層化していきましょう。

特定の集団にしがみつかず別の世界へも意識的に飛び込む

6つ目は、「特定のコミュニティに固執しない」ということです。

アンコンシャス・バイアスを防ぐという観点からも、一つのコミュニティだけに固執してしまうのには気をつけたいところです。

例えば、子どもが通う学校の仲よしグループ＝ママ友のコミュニティの中では、何となくみんな同調しなくてはならない雰囲気になりがちです。「お茶会やランチ会など、定期的な集まりに来ない人は陰で悪口を言われそう」「子どもが仲間はずれになるとかわいそう」……。私には他に居場所がないからと、つい無理や我慢をして行きたくない集まりに行ったり、気の合わないママたちとつながったり、コミュニティにしがみついてしまうのです。このように、職場や家庭以外のコミュニティも、人を束縛することがあります。

そんな時、あるコミュニティには、一応在籍はしているものの、そういった集まりには3回に1回は出ないといった習慣をつくって、「あの人はそういう人だからね」というような、自分にある種のブランドをつくれれば、毎回コミュニティの同調圧力に従わなくてもよくなります。実際、それは簡単なことではありませんが、チャレンジしてみることも大事だと思います。

こういう場合、「このコミュニティがダメなら、別のところがあるから」と腹をくくり、コミュニティに依存しないようにしましょう。気が合わないコミュニティに無理に固執しない方がよっぽどハッピーでいられます。

特にママ友のコミュニティなどの場合、「自分が抜けると子どもがかわいそうだ」と思うかもしれませんが、子どもにとっても別の世界があることは、良い経験になるはずです。

親子で居場所を探してみるのもよいでしょう。子どももスポーツクラブや、学習塾といった、学校とは別の集団に属すと視野が広がります。

また、別の世界に飛び込む際には、今まで関わりがなく自分のことを誰も知らない環境の方が楽な場合があります。そこでは人間関係が構築されていませんから、ゼロからお互いを知ることになります。別のルールを持つ、行動範囲外のコミュニティに入ることで、アンコンシャス・バイアスに陥ることも防げるはずです。

失敗することを恐れず
新しい価値観を受け入れる

7つ目は、「失敗することを恐れず、新しい価値観を受け入れる」ことです。

これは少しハードルが高いかもしれません。

アンコンシャス・バイアスの温床になってしまうのが、「古い価値観」です。古い価値観が通用する安定した環境にいれば、あまり失敗したり、痛い思いをしたりといった経験をすることはないでしょう。それは、一つの価値観が通用する世界でだけ生きているからです。

しかし、自分の正しいと思っていたことに反発されたり、失敗したり、怒られたり、意地悪されたりというようなことが多く起こるのが現実の世界です。そこで生き延びるにあたって、人は自分とは違った価値観、常識があることに否応なしに直面します。しかし、保護され続けている人や、別の世界で失敗したことがない人は、その経験がありません。

必要がないと、ぬくぬくした温室のようなその場所から出てこようとはしません。そのため、どんどん自分のアンコンシャス・バイアスが強くなってしまうのです。

こういった人は、自分で意識的に別の世界に飛び込んで、そこにいる人の話を聞いたり、その世界の人と交わったりすることが必要だと思います。しかし、知らない世界へ入りこんでいくのはそう簡単なことではありません。「失敗するのではないか？」「自分が傷つくのではないか？」と不安に思うのは当然です。普段の生活の中でも、自分が傷つくことを恐れて、他人とも価値観に関わるような話を「真剣」にせず「軽い」話だけのやりとりをして、リスクのある行動は取らないようにしていませんか？　せめて若い時は失敗して傷つくことを恐れないでチャレンジしてほしいものです。つらい経験も、必ず回復して得難い経験になります。

誰でも嫌な思いはしたくないものです。しかし、そうした行動はいつの間にか自分自身をアンコンシャス・バイアスの殻に閉じ込めてしまっているのです。

ネガティブなことを避けているうちに、自分の古い価値観に安住している方が居心地がよくなり、そこへ必死にしがみついてしまう。世の中が目まぐるしく変化し、多種多様な考え方の人が増えていく中で、古い価値観ばかりにとらわれていたら、新しい環境に適応していくことが難しくなります。

自分の接する世界がどんどん狭くなり、仕事、趣味、人間関係などもどんどん収縮していくのです。結果として思い込みが自分を苦しめ、他人をも傷つけてしまう可能性すらあります。

そんな人生は、ご本人もおそらく楽しくないはずです。新しいことをしたり、意識を変えたりする時は、多少なりともリスクがあります。傷ついたり、時には恥をかいたりすることもあると思います。

違う価値観の人に会ったら、「へぇ〜、こんな考え方もあるんだ」と言って面白がってみましょう。自分と違っていることを楽しんで、やわらかく受け入れるのです。

特に年齢を重ねれば重ねるほど、自分では気付かない殻に閉じこもりがちです。さらに、その殻は年を取るほど厚くなっていきます。新しいことに興味がなくなり、挑戦することが面倒になってきます。

心にもエイジングケアを

そういう意味で私は、アンコンシャス・バイアスは心の加齢現象とも言えると思っています。エイジングケアは、身体だけでなく心にも必要です。サプリメントを飲むのも良いですが、心のエイジングケアは肌のマッサージのように頭をやわらかくして、知らないこと、面白いこと、少し面倒に感じることも、受け入れていくことが一番です。「私はこれでいいのだ」と、自分でリミットをつくらない方がいいのです。若い方はもちろんのこと、年齢を重ねた方にもまだまだ知らない世界はたくさんあります。

「私はもう歳だから」というのもまた、一つのアンコンシャス・バイアスといっていいでしょう。

それを見事に打ち消したひとりが、若宮正子さんというIT分野のエンジニアです。彼女は定年退職後から勉強を始め、ついにはゲームアプリ開発をするまでになりました。彼女の活躍を見ると、「新しいことを学ぶのは、いつからでも遅くない」ということがよくわかります。

失敗を恐れずに、今までとは違う世界に踏みだし、新しい価値観に出会いましょう。自分とは別の価値観があるということに気付くことが、自らを縛っているアンコンシャス・バイアスから解放されるためには大切です。

周りの目や声を過度に気にし過ぎない

9つ目は、「周りの目や声を過度に気にし過ぎない」ことです。

毎回同じ人と同じ会話を繰り返していると、どうしても世界が狭くなり、自分の近くにいる人、近くにあるコミュニティの人たちの目線や意見が世の中の正解である、といったように思い込んでしまいがちです。

例えば、お子さんを幼稚園に通わせている方であれば、「子どもが小さいうちは専業主婦で子育てに専念する方が、子どもにとって良い」とか、「フルタイムで働いたら、親子が触れ合える時間が少ないから子どもがかわいそう」といった周囲の意見を「そうなんだ……」と真に受けてしまいがちです。

しかし、これはあくまでも限られたコミュニティの中にいる人たちの考え方にすぎません。

例えば、保育園の親のコミュニティでは「親の働く姿を小さいうちから見ていた子どもは自立心が強くなる」「会えない時間が長いからこそ、触れ合える時間を大切にできて子どもとの絆が強くなる」というように、真逆の声が聞こえてくるはずです。

他にも子育てを終えた世代が集まるコミュニティや、子どものいない人、独身の人、異性の多いコミュニティでは、また違った意見が存在しています。

これはどのフィールドにも限らず、会社や取引先など仕事関係、友人、家族、趣味のつながりの中でも同じことがいえます。

職場なら会社の風土によっては「若手社員は、まず雑用から担当する」とか、「子育てをしているお母さんは、単純作業をする部署へ配属した方が働きやすい」といった思い込みが浸透している場合があります。このような会社で長く働き続けている人は知らぬ間に、「こういうものなんだ」という考えが植え付けられてしまいがちです。

その結果、本当は能力がある若手社員が力を発揮できなかったり、バリバリ働きたいママたちの意欲を潰してしまったりすることになりかねません。一番の問題は、そうした思い込みに若手社員自身や女性自身が縛られてしまい、自分の可能性を自ら抑えてしまう恐れがあることです。

ですが、こうしたことも別の会社で働く人と話したり、転職したりすると、まったく違う意見が浸透していて驚くことが多々あります。つまり、これまでも何度かお伝えしてきた通り、「これが世の中の当たり前なのだ」と自分でずっと思ってきたことでも、実は今いるとても狭い世界の中で通用しているだけのことだった、というケースが多いのです。

ですから、そうした思い込みに悩んで苦しんだり、とらわれてやりたいことをあきらめたりする必要はまったくありません。

生き方や働き方にも「必ずこうやってやらなければならない」ということはないのです。

さらに、時代は常に変化し続けていて、世の中全体の常識も刻々と変わっています。思い切って今までいたことのないような世界へ飛び込んでみれば、「あれ？今まで私が思っていたことって何か違っているかも……」と思うことがたくさんあるでしょう。

さまざまな情報を集めたり、意見に触れたりすることで、いろいろな価値観があることに気付けると思います。アンコンシャス・バイアスを防ぐ意味でも、あなたの人生の可能性を広げる意味でも、周りの目や声を過度に気にすることは止めましょう。

それよりも、もっとたくさんの人と出会い、たくさん本を読むことが大切だと私は思っています。

「〜べき論」を捨て、他人の価値観をリスペクトする

10個目は、「〜べき」という自分の中での一方的な思い込みをやめ、他人の価値観もそれなりに尊重することです。

私たちが生きていく中で、たびたび遭遇するのが、自分の中にある「〜であるべき」といったいわゆる「べき論」です。

特に危ないのは、その自分の「べき論」から外れている人に対して批判したり、攻撃したり、排除したりしてしまうことです。人間それぞれ、自分なりの価値観

を持っているわけですが、それを他人に押し付けてはいけません。そうやって自分の「べき論」に凝り固まってしまうと、その人自身も生きづらくなってしまいます。

もし、みなさんが「自分の〝べき論〟を人に押し付けている」という心当たりが少しでもあれば、「自分の考えに凝り固まっているのかもしれない」と、自分自身を見つめ直すことが大切です。

ただし「べき論」にも、社会的責任が伴うものがあります。例えば、日本大学の前理事長が所得税法違反罪に問われた件がありましたが、やはり大学の理事長たる者は法律を守り、清廉潔白であるべきだと思いますし、「個人の自由だから好きなように行動する」と言うべきではないと思います。

「有名税」もそれに似ています。フランス語の「高貴さの維持には義務が伴うこと」を意味する格言、「ノブレス・オブリージュ」ではないですが、役職者や有名人は、やはりそれだけの責任を負う言動が必要です。

政治家や公人などにも、当然守るべき責任が存在しています。

では逆に「べき論」を展開しない方が良いのはどんな場合でしょうか。

例えば、行動を制限したり強制したりするものが当てはまるでしょう。「社内恋愛禁止」「受験生は遊んではダメ」「母親なら子どものために自分を犠牲にするべき」などが、わかりやすい例です。

また、人の生死に関わるような「べき論」も、言い過ぎでしょう。「人は80歳になれば引退するべき」といった考え方も、それぞれの価値観によって異なります。つまり、物事のすべてが「べき論」で語れるものではなく、人それぞれの価値観やモノ・コトに対する価値観の違いによって変わるものだということです。

そうかといって、ポリティカル・コレクトネス、つまり誰に対しても不快感を与えないように建前だけしか言えない社会というのも、不自由な世界だなと思います。なぜトランプ氏があれだけ人気があったかと考えると、困ったことではありますが、やはり「本音で語る」というあの乱暴さが、「建前を言うべき」という圧力にストレスを感じている人に受けたところがあるからだと思います。

世間にはさまざまな「べき論」があります。それを一つひとつとらえてアンコンシャス・バイアスを持ってしまうのは本末転倒です。

例えば仏教では、眼識、耳識、鼻識、舌識、身識などの5つの感覚（前五識）の上に、6番目の意識、7番目の末那識《まなしき》、8番目の阿頼耶識《あらやしき》があると教えています。

この6番目の意識には心理学でいう深層心理、つまり無意識の中にあるものも含まれています。これまでお話ししてきた無意識の思い込み（＝アンコンシャス・バイアス）＝執着ともいえるものです。仏教でも、そこから自由になり「悟り」に至るために、こうした執着から離れて無我にならなければならないといっています。それは修行することで、初めてたどりつける境地だと思います。

そこまでの悟りには至れなくとも、アンコンシャス・バイアスに陥らないためにはどうすればよいか。それはとても難しいことですが、「社会的に受け入れられる範囲はどこまでか、どこからが行き過ぎなのか、自分の立場も含めてわかっておくこと」だと思います。

旧統一教会の問題でも「信教の自由」は守られるべきですが、反社会的な行動を行ったり、信者に犠牲を強いたりするのは許されません。

また、自分が大切にしたい価値は何なのか、それをしっかり認識したうえで他人の価値も大切にする、そのスタンスを持っていることが重要なのではないでしょうか。

持っていた思考やイメージを意識的に手放す

最後は「持っていた思考やイメージを意識的に手放す」ということです。

これまで、アンコンシャス・バイアスに陥らないための行動や思考をお伝えしてきましたが、「これまでの思考やイメージを意識的に手放す」ことも大切だと考えています。仏教でいうところの解脱、それは英語でいうところのアンラーンでもあります。解脱というのは欲望から解放されることですが、アンラーンは、思い込みから解放されることです。つまり、unlearn、学んだことを意識的に手放すということです。

これまでの経験や知識、また付き合ってきた人たちによって、私たちの思考は形作られてきています。そのため、アンコンシャス・バイアスがあると認識しても、考え方を切り替えるのは容易ではないはずです。

特に、今までの家庭環境や職場環境が恵まれていたり、成功体験が多かったりする人は、考え方やイメージを手放す必要に迫られてきた経験が少ないのです。

では、どうすればいいのでしょうか。おすすめしたいのは、いったん、自分が持っている経験やイメージを意識的に手放してみることです。

例えば、昔、親から受けていた「女は〜あるべき」「男は〜あるべき」というイメージ。あるいは、昭和の頃に自分がしていた働き方。例えば、男性は仕事ファーストで生きるべきだという思考などなど……。

これらをすべて手放し、今の働き方はどうなのか、考え方はどうなっているのか、あるいは若い世代はどんな結婚観を持っているのか、まっさらな気持ちでインプットしてみることです。

余計な先入観やイメージを持たずに物事を見ることができれば、それがそのまま、とらわれることなく多様な視点を持つことになるのではないでしょうか。

昨今、多様性を認め合おうとする取り組みが、国内だけではなく世界的な広がりを見せています。多様性を認め合うには、私はまず「みんなの中にアンコンシャス・バイアスがある」と認識しなければ、他人の存在や価値観を認め合うことはできないと考えています。

人それぞれ考え方も違えば、生き方も違う。そのすべてをお互いに認めていくことで、個性を発揮できる社会が実現できるのではないでしょうか。

とはいえ、実際にすべてを手放すことは難しいかもしれません。私もその境地には至っていません。少しずつ自分の古い経験を過去のもの、と認識するよう心がけています。

ぜひみなさんもできるところから、始めてみてはいかがでしょうか。

ここまで、女性を取り巻く状況から、女性が陥りやすいアンコンシャス・バイアスの事例を中心に取り上げてきましたが、ではいったい男性と女性のどちらがアンコンシャス・バイアスに陥りやすいのでしょうか?

そこに差はありません。男性、女性というより、それぞれ個人が置かれた立場で差が生まれます。

もう少し心理学的に言うと、人は、弱い立場、それから「新参者」であるほどアンコンシャス・バイアスに陥りやすくなります。

要するに、何か専門的な知識を得たり、幅広い経験をしたりしていない人、他者への影響力のない弱い立場の人がアンコンシャス・バイアスを持ちやすくなるというわけです。